を言うのはどう？」「あえて失敗シーンも入れていいんじゃない？」「曲はこれにしよう！」などさまざまな意見が集まり、とび箱リーダーを中心に構成を考え撮影会に挑みました。

演出は盛大に！

最後の授業では体育館を真っ暗にし、完成した動画を大きなスクリーンで上映しました。子どもたちは自分たちの姿を見ながら拍手喝采。「先生、とび箱の授業めちゃくちゃ楽しかった！」そう言った子どもたちの顔が、今でも忘れられません。

iPadを200％
授業で活用しよう！

「どう使えばいいかわからない」

全国的にタブレット端末が児童1人に1台ずつ配布されてから、はや5年が経ちます。

僕のまわりではタブレットを使いこなし、授業にも上手く取り入れている先生とそうではない先生との差がどんどん開いてきているように感じます。

なぜタブレットを授業に取り入れることはハードルが高く感じるのでしょうか。

僕は主な理由として、大きく以下の2つが挙げられると思っています。

JN029366

効果的なのか

うれない。

新しいものやシステムを導入するときには不慣れなことも多いため多大な労力を要します。ましてや「タブレットがなくても授業はできる」そんな声もあります。

「今ある仕事で手一杯なのに、タブレットを取り入れた授業なんて考える余裕はない！」

じゃあ真似するところから始めてみませんか？

本書では、iPadを使ってどのような授業でどのような活動を行うかを記載し、それぞれの操作方法を画像で詳しく紹介しています。

第1章以外は、iPad以外の端末でも実践できる内容がほとんどです。

普段あまりタブレットを使っていない先生や学校現場で働き始めて間もない先生にとって「iPadを授業で活用できるようになる参考書」のようなものになればと思っています。

また、活用の難易度を以下のように5つの★で表しています。

難易度
★★★☆☆

普段からタブレットを活用している先生も、自分に合った新しい活用法を見つけることができるはずです。

本書を通して、1つでもみなさんの授業のヒントになれると幸いです。

contents

Apple
純正アプリ

Chapter 1

[Apple純正アプリ]

Apple純正アプリは、シンプルだから使いやすい！

Pages

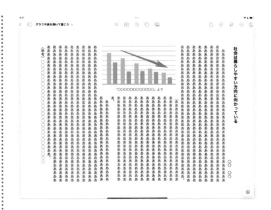

Pagesは、文書作成アプリです。

豊富なテンプレートが揃っているため、以下のようなポスターも簡単に作成することができます。

写真の切り貼りが面倒な新聞作成なども、Pagesであれば簡単に作ることができます。

P.12では、Pagesでグラフを用いた文章を作成する方法を紹介しています。

Pagesを使用して書くメリットは大きく3つあります。

> ①添削・書き直しが簡単
> ②写真や図を後から自由に挿入できる
> ③グラフを作成することができる

紙であれば躊躇してしまう添削も、デジタルなら気軽にペン入れし、添削できる上、子どもたちも簡単に書き直しができます。

またPagesでは、文章を書き上げた後に画像を挿入すると、自動で文字と被らないように配置されます。

さらには、Pagesのアプリ内でグラフを作成することもできるため、手書きで作成するよりも断然早く、そして見栄え良く仕上げることができます。

とはいえ、書く活動を毎回デジタルで行うのではなく、後から画像を入れるときや添削が多くなるときは「デジタル」作文や感想文などは「紙に」といったようにバランス良い使い分けを意識することが大切です。

Keynote

Keynoteは、プレゼンテーション作成アプリです。

3年生では、物語を起承転結で構成する学習があります。そこで、Keynoteを使い「起」「承」「転」「結」の4つのスライドを作成し、物語を創作する活動も面白いでしょう。

また、社会の歴史の授業では、時代ごとに1枚のスライドに要点をまとめる活動がおすすめです。

単元を振り返りながら作成すれば、テスト勉強にもなり、時代の流れを掴むこともできます。全ての歴史の単元が終われば、縄文時代から現代まで1つのスライドが仕上がります。

P.18では、Keynoteで俳句を作成する方法を紹介しています。

俳句の味を出すために、手書きで文字を書き、さらには音声やアニメーションを追加します。それはまさにリアルタイムで詠みながら書いているような作品に仕上げることができます。

「動く俳句」を作成することができるのは、まさにデジタルのおかげと言えるでしょう。

Numbers

Numbersは、表計算アプリです。

P.28では、Numbersで体育の記録表を作成する方法について紹介しています。

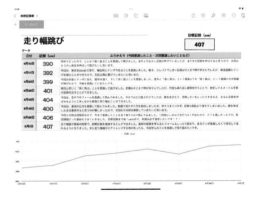

記録を記入していくだけで、グラフが作成されるので、自分がどれだけ成長しているか

などを可視化することができます。

　Numbersは、ネット環境がなくても編集することができます。Wi-FiモデルのiPadの場合でも、場所を問わず使用することができます。

iMovie

　iMovieは、動画編集アプリです。

　高度な編集はできませんが、操作性に優れているため、使い慣れれば3年生くらいでも簡単に動画を作成することができます。

　4年生のわり算の筆算では「たてる→かける→ひく→おろす」といったように、やり方をパターンで覚えていく必要があります。

　そのやり方を定着させるために、音声を収録しながら解説動画を作成する活動がおすすめです。

　子どもたちは、わかりやすい動画を作成するために、何度も繰り返し筆算のやり方を声に出すので、自然に覚えることができます。

　また小学4年生の国語で学習する要約文では「YouTuber風の解説動画を作成しよう！」という目標を設定し、iMovieを使用するのもおすすめです。

　P.34では、iMovieで都道府県の紹介動画を作成する方法を紹介します。

　iMovieでは「グリーン/ブルースクリーン」機能を使って背景を透過させた動画を合成させたり「ピクチャ・イン・ピクチャ」機能を使って合成動画を作成したりすることができます。

　これらの機能を使えば、テレビのニュース番組のような動画も作成することができます。

　このように、ワクワクするようなゴール設定をすることで、子どもたちの心に火がつき、意欲的に取り組むようになります。

Clips

　Clipsは、iMovieと同じく動画を作成できるアプリです。

　大きな違いとしては、Clipsでは動画の撮影もできるというところです。

　そのため、ほかのアプリを介することなく、Clipsひとつで動画撮影・編集が完結するので、低学年の子どもたちでも動画を作成することができます。

　顔を変えたりスタンプを追加できたりと、子どもの創作意欲をかきたてるようなエフェクトもあります。iMovieよりもさらにシンプルな動画編集のみに限られるため、短い動画などを作成するのに向いています。

　学年や用途に合わせてiMovieと使い分けられると効果的でしょう。

　P.42では、Clipsで図工の作品を紹介するショート動画を作成する方法について紹介しています。

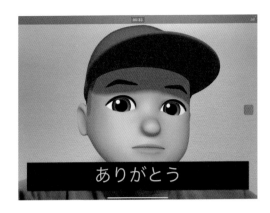

　図工の作品紹介でこのようなショート動画を作成するメリットは以下の3つです。

---
①テーマなどを考えながら作成するようになる
②工夫したポイントなどがよくわかる
③評価しやすい

　動画を撮影するには、以下の3つのことについては必ず述べるように伝えます。

---
①作品のテーマ/タイトル
②工夫したポイント
③難しかったところ・頑張ったところ

　このように作品を作成する前に、作品紹介動画を撮ることを告知しておくことで、子どもたちはテーマなどを意識しながら取り組むようになります。

　また、絵画は、写真を1枚撮るだけでわかりますが、工作では、作品をさまざまな角度から見られるように動画を撮影してもらいます。

　図工の作品を評価する場合は、授業で押さえたポイントが実行できているかという知識・技能の評価は比較的しやすいのですが、思考・判断・表現の評価がしにくいという声をよく耳にします。

　そこで、作品の色づかいや形などで見極められない部分は、紹介動画でどのあたりに工夫を凝らしたのかを話してもらうと「なるほど、だからこの部分をあえて目立つように作っているのか」といった気づきもあり、評価しやすくなります。

　何よりも、タブレットひとつで作品を見比べることができるため、場所を問わずチェックできるほか、評価に迷ったときには学年の先生に「この作品どう思いますか？」と尋ねやすいのも嬉しいポイントです。

意外と有能な「メモ」アプリ

　シンプルな「メモ」アプリですが、ウィジェット機能と組み合わせて使うことで、便利に使用することができます。

　未提出の課題やテストの日程などをメモし、ホーム画面に表示させておくことで、タブレットを開くたびにメモが目に入るようになります。

01

[Apple純正アプリ]
Pagesでグラフを用いた文章を作成する

対象学年
3年生〜

難易度
★★☆☆☆

アプリケーション

Pages

ポイント
1. 文書作成に向いているアプリ
2. 後からでも簡単に画像を入れられる

準備
1. 文章中に入れるグラフの画像

ここでは、Pagesを使いグラフや表を用いて文章を作成する方法を紹介します！

▷ 完成イメージ

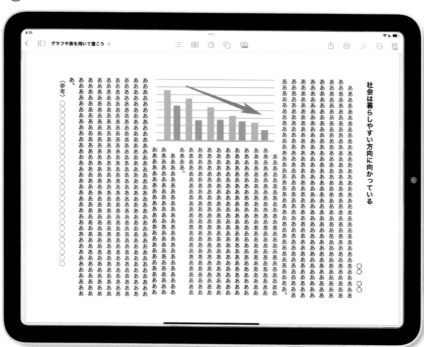

01

アプリを開き、新規作成の「＋」もしくは画面上部の「＋」をタップします。

02

「空白（横）」をタップします。

03

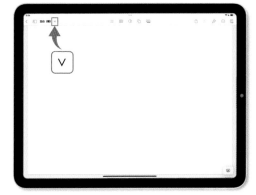

「v」をタップします。

04

「名称変更」をタップします。

05

名前を入力します。

06

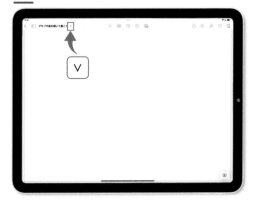

「v」をタップします。

07

「書類オプション」をタップします。

08

「書類設定」をタップします。

09

「縦書きテキスト」をオンにします。

10

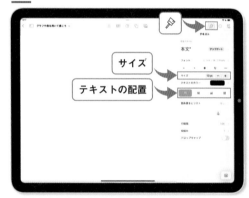

「✐」をタップし、文字のサイズ・配置を変更します。

11

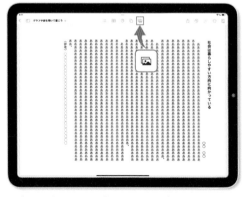

文章を入力したら、「🖼」をタップします。

12

「写真またはビデオ」をタップします。

13 画像を挿入する

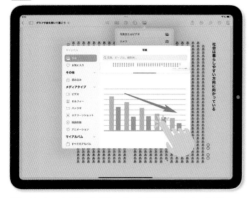

挿入したい画像（グラフ）を選択します（グラフの作り方はP.17に掲載しています）。

14

画像のサイズを小さくします。

15

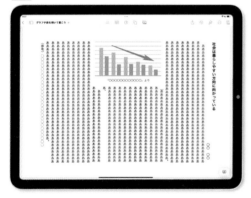

文字は、画像に被らないように表示されます。

16

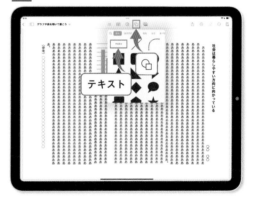

「⊕」をタップし「テキスト」を追加します。

17

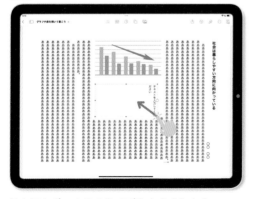

テキストボックスのサイズを小さくします。

18

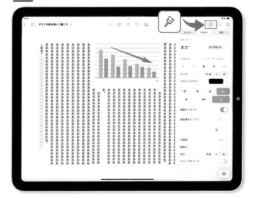

「✒」をタップします。

19

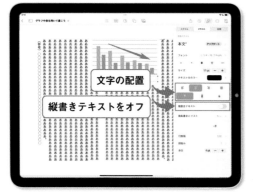

「縦書きテキスト」をオフにし、文字の配置を変更します。

20

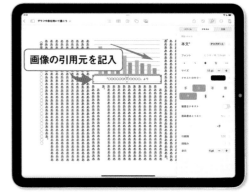

画像の引用元を記入したら完成です。

21 書き出す

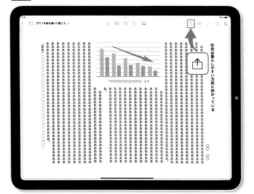

「⬆」をタップします。

22

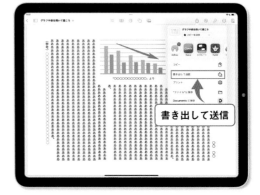

「書き出して送信」をタップします。

23

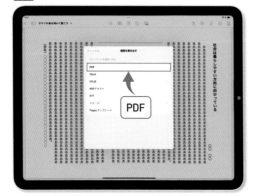

「PDF」をタップします。

24

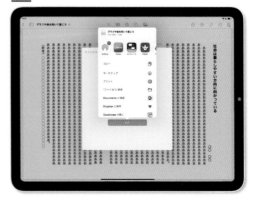

ロイロノートなど、提出先のアプリを選択して書き出します。

25 テンプレートとして書き出す

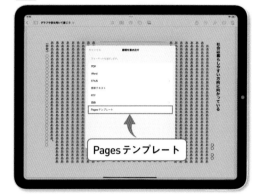

「Pagesテンプレート」をタップし、テンプレート
を作成します。

26

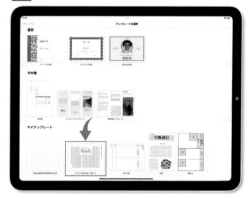

テンプレートにしておけば、同じような文書を作成
するときに便利です。

27 グラフを作成する

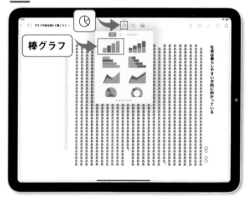

「🕐」をタップし「棒グラフ」を追加します。

28

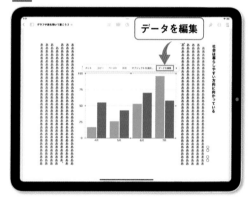

「データを編集」をタップします。

29

編集画面でデータを変更したり項目を追加したりす
ることができます。

30

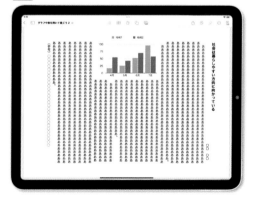

グラフのサイズを調整すれば、完成です。

02

Keynoteで俳句を作成する

対象学年
5年生〜

難易度
★★★☆☆

アプリケーション

Keynote

ポイント
1. アニメーションで手書き文字が現れる
2. 声を録音することも可能

準備　**特になし**

ここでは、俳句を作成するときに画像やアニメーション、音声などを見栄え良く追加する方法を紹介します！

▷ 完成イメージ

01

「新規作成」をタップします。

02

「テーマを選択」をタップします。

03

「ベーシックホワイト」を選択します。

04

「プレゼンテーション」をタップし、名前を変更します。「春の俳句」としました。

05 スライドのサイズを変更する

「v」をタップします。

06

「プレゼンテーションオプション」をタップします。

07

「スライドのサイズ」をタップします。

08

ここでスライドのサイズを変更することができます。
今回は「正方形」を選択します。

09

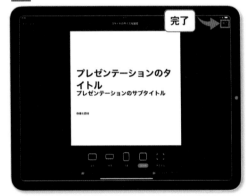

「完了」をタップします。

10

タイトルテキストをタップし「削除」します。

11 画像を挿入する

「…」→「Split View」をタップします。

12

「Safari」をタップします。

13

俳句の背景に差し込みたい画像を検索します。

14

ドロップ＆ドラッグでKeynoteのスライドに挿入します。

15

画面の中央を押しながら右にスワイプすると1画面に戻ります。

16

「✎」→「スタイル」をタップします。

17

「不透明度」を30％まで下げます。

18

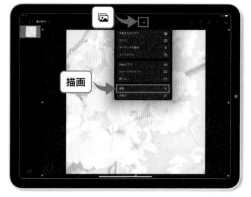

「🖼」→「描画」をタップします。

19

「ペン」をタップし、色や太さをお好みで変更します。

20

ペンで文字を記入し「完了」をタップします。

21

11と同じく「Split View」にし、追加したい画像をドロップ＆ドラッグでKeynoteのスライドに挿入します。

22

画像を選択し「背景を削除」をタップします。

23

すると画像の背景だけを削除することができます。「⚗」をタップします。

24

「スタイル」をタップし「不透明度」をお好みで変更します。

25 アニメーションを追加する

「…」→「アニメーション」をタップします。

26

「アクションを追加」をタップします。

27

「パスを作成」をタップします。

28

花びらを動かす経路を描き「終了」をタップします。

29

「<」をタップします。

30

1行目を選択し「ビルドインを追加」をタップします。

31

「線描画」を選択します。「×」をタップして戻ります。

32

2行目を選択し「ビルドインを追加」をタップします。

33

「線描画」を選択します。「×」をタップして戻ります。

34

3行目を選択し「ビルドインを追加」をタップします。

35

「線描画」を選択します。次に、右上の「☰」をタップします。

36

「ビルドの順番」では、アニメーションの順番を変更することができます。

37

このようにすれば、俳句の文字が流れた後に、花びらが落ちてくるようなアニメーションを追加することができます。

38

花びらを「ビルド3と同時」にすると、3行目の文字が出現すると同時に花びらが落ちてきます。

39

「モーションパス」をタップし、継続時間を押しながら左右に動かすと、アニメーションの速度を変更できます。

40

同様に1行目のアニメーションの継続時間もお好みで変更します。

41

2行目の描画を選択し、ビルドの開始を「ビルド1の後」にしておくと、1行目のアニメーション終了後、自動的に2行目のアニメーションがスタートします。

42

「▶」をタップすると、最初からアニメーションの動きを確認することができます。「完了」をタップします。

43 録音する

「🖼」→「オーディオを録音」をタップします。

44

「🎤」をタップし、俳句を読み上げ、音声を録音します。

45

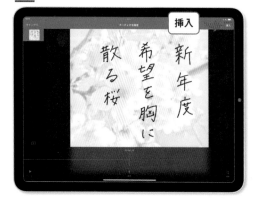

録音し終えたら「挿入」をタップします。

46

「…」→「アニメーション」をタップします。

47

「☰」をタップします。

48

すると先ほど録音した音声が追加されているので、1と2の間に移動します。

49

ビルドの開始を「ビルド1と同時」にしておくことで、1行目のアニメーションがスタートしたと同時に音声が流れるようになります。

50

「▶」をタップし、再生して文字と音声のタイミングが合っているかを確認します。「完了」をタップします。

51 書き出す

「V」→「書き出し」→「ムービー」をタップすると、動画として書き出すことができます。

52

「書き出し」をタップします。

53

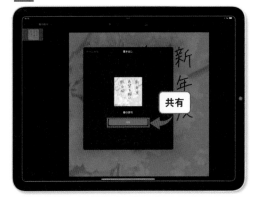

「共有」をタップします。

54

共有したいアプリなどを選択することができます。

03

Numbers で体育の記録表を作成する

対象学年
3年生〜

難易度
★★★☆☆

アプリケーション

Numbers

ポイント
1. 評価するときに便利
2. 自分の記録をグラフで可視化することができる

準備　特になし

ここでは、体育の授業で実施する競技の記録を記入していく「振り返り」シートの作成・活用について紹介します！

▶ 完成イメージ

01

「＋」をタップします。

02

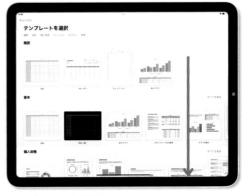

テンプレートを選択します。

03

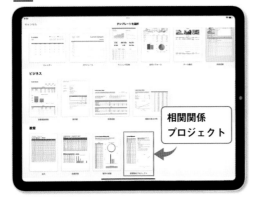

今回は「相関関係プロジェクト」のテンプレートを使用します。

04

「∨」をタップします。

05

「名称変更」をタップします。「体育記録表」としました。

06

不要なテキストやグラフを選択します。

07

「削除」をタップしてテキストやグラフを削除します。

08

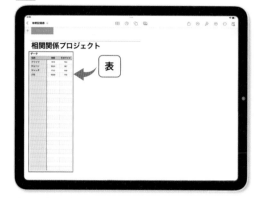

表を選択します。

09

表のサイズを調整します。

10

「⟨✏⟩」→「表」をタップし、行と列を調整します。

11

見出しを変更し、一番左の列に体育の授業がある日付を入力します。

12

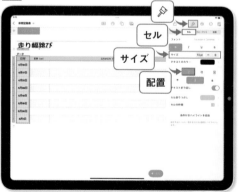

「⟨✏⟩」→「セル」をタップし、文字のサイズや配置を調整します。

13 グラフを作成する

日付と記録の列を選択し「列アクション」をタップします。

14

「新規グラフを作成」をタップします。

15

折れ線グラフを選択します。

16

表の下にグラフを配置します。

17 目標記入欄を作成する

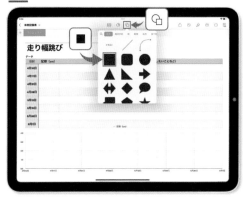

「⊕」をタップし、■を選択します。

18

「✐」→「スタイル」をタップします。

19

塗りつぶしの色や枠線、線の幅などを調整します。

20

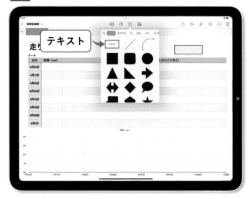

再び「⬚」から「テキスト」をタップします。

21

このように「目標記録」を入力するところを作っておきます。

22

記録を入力すると、結果が折れ線グラフに反映されます。

23

「振り返り」の列には意識したところなどを記入します。

24 他の種目の記録表を作成する

タブをタップし「複製」をタップします。

25

すると、同じシートが複製されます。

26

名前やカラーなどを変更すれば、ほかの種目の記録表も簡単に作成することができます。

27 提出に関して

今回はNumbersで作成したため、このデータをそのまま提出するのではなく、PDFに書き出すか、スクショ画面を提出する必要があります。ロイロノートを導入している学校であれば、ひとつの提出箱に再提出する形で、毎回の記録と振り返りを提出させると良いでしょう。ロイロノートは、過去に提出した履歴も確認することができるので、評価するときにも便利です。

28 ロイロノートの提出画面

過去に提出した履歴も確認できます。

29

いちいち提出させるのが面倒であれば、Googleスプレッドシートで同じような振り返り表を作成しておく方法もあります（下のQRコードよりダウンロードできます）。
30の画像のように、1人ずつにスプレッドシートを用意し、教師と共有しておけば、タイムリーに子どもたちの記録と振り返りを確認することができます。スプレッドシートの活用については P.130で紹介しています。

30 Googleスプレッドシート

04

iMovieで都道府県の紹介動画を作成する

対象学年
4年生～

難易度
★★★★☆

アプリケーション

Google Earth

iMovie　カメラ

ポイント
1. 写真だけでもかっこいい紹介動画に
2. 合成動画を作成することができる

準備
1. 動画に使用する写真

ここでは、都道府県の紹介動画を作成する方法を紹介します。実際にその場所へ訪れて話しているような動画を作ることができます！

▷ 完成イメージ

01　動画の素材を画面収録する

「Google Earth」のアプリを開きます。

02

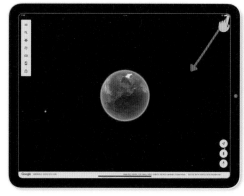

画面の右上から、スワイプすると、コントロールセンターが表示されます。

03

「◉」をタップします。

04

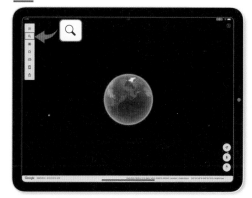

「🔍」をタップします。

05

検索バーに調べたい都道府県を入力します。

06

検索バーに入力した場所にピンが刺さり、その場所に画面が近づいていきます。

07

画面の動きが止まったら、画面の右上から、スワイ
プし、再びコントロールセンターを表示します。

08

「⦿」をタップすれば「写真」ライブラリにビデオ
が保存されます。

09 ビデオの画面サイズを変更する

「写真」アプリを開き、先ほど画面収録したビデオ
を選択し「編集」をタップします。

10

「⊕」をタップします。

11

「▥」をタップします。

12

「16：9」を選択し、「✓」をタップします。

13 動画を編集する

「iMovie」を開きます。

14

「新規プロジェクトを開始」→「ムービー」をタップします。

15

写真やビデオなど、動画の素材を選択します。

16

すると、選択した素材が全て編集画面に並びます。

17

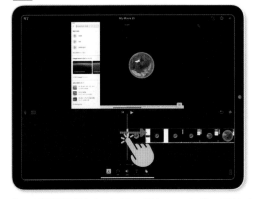

先ほど画面収録したビデオの端をスワイプして短くすると、最初の不要な部分をカットすることができます。

18

後半も同じように不要な部分をカットします。

19

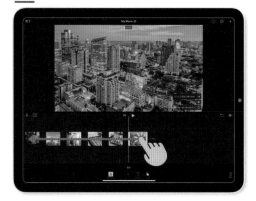

画像は、ドラッグ＆ドロップで場所を移動させることができます。

20　子どもの解説動画を撮影する

黒板などの緑や青を背景に撮影した素材は、「iMovie」の「グリーン/ブルースクリーン」機能を使い、背景を透過してほかの素材と合成することができます。
ただし、合成した動画の位置を移動させることができないため、**21**の画像のように、画面左下に子どもがくるように撮影する必要があります。

21

画面左下に子どもが映るように撮影します。

22　合成動画を作成する

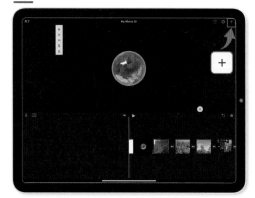

「＋」をタップします。

23

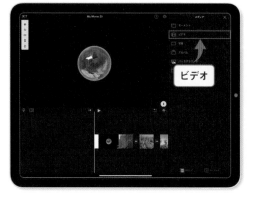

「ビデオ」をタップします。

24

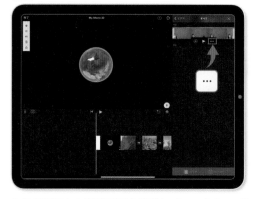

先ほど撮影した解説動画を選択し「…」をタップします。

25

「グリーン/ブルースクリーン」をタップします。

26

すると、背景が透過され動画が合成されます。次に、ビデオを選択し「速度」をタップします。

27

左右に動かして、解説のセリフに合うように、ビデオの速さを調整します。

28

写真素材も解説のセリフに合うように、長さを調整します。

29 　別の方法で動画を合成する

「ピクチャ・イン・ピクチャ」で動画を追加します。

30

この方法であれば、背景は透過されませんが、動画の大きさや位置を自由に変更することができます。

31 バックグラウンドを追加し字幕を入力する

「+」をタップします。

32

「バックグラウンド」をタップします。

33

お好みの素材を選択します。

34

「タイトル」をタップします。

35

お好みの「サンプルタイトル」を選択します。

36

テキストをタップし「編集」をタップします。

37

テキストは、ピンチイン/アウトでサイズを変更し
たり、ドラッグで移動させたりすることができます。

38

テキストのカラーも変更することができます。

39　動画を保存/共有する

「完了」をタップします。

40

「▶」をタップし、作成した動画を再生して確認し
ます。確認できたら「△」をタップします。

41

「ビデオを保存」をタップすれば「写真」ライブラ
リに保存することができます。ロイロノートなどの
アプリを選択して動画を共有することもできます。

42

動画作成後は、クラス内だけでなく学校内で公
開すると動画を作成した価値が上がります。空
き教室などで、休み時間中に続けて流れるよう
にし、誰でも見られるようにしておけば、他学
年や先生方も気軽に見ることができ、実践も広
がっていきます。

05 Clipsでショート動画を作成する

[Apple純正アプリ]

対象学年
1年生〜

難易度
★★☆☆☆

アプリケーション

Clips

ポイント
1. 豊富なエフェクト
2. テロップを自動で追加することができる

準備 特になし

Clipsは図工の作品を紹介する動画を撮るなど、ショート動画を作成するときにとても便利なアプリです!

▶ 完成イメージ

01 新規プロジェクトを作成する

新規プロジェクト

左上の「📷」→「新規プロジェクト」をタップします。

02 Clipsの基本操作

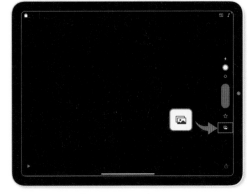

画面右にある「🖼」をタップします。

03

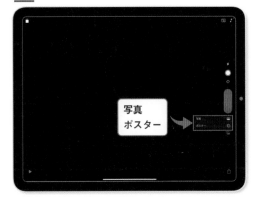

写真
ポスター

ここでは、iPad内の写真を追加したり「ポスター」を選択して、映画のタイトル画面のように画面全体を覆うデザインを追加することができます。

04

「🎞」をタップして、画面サイズを変更することができます。

05

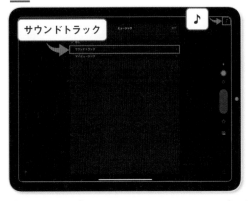

サウンドトラック

「♪」をタップし、サウンドトラックをタップします。

06

すると、Clips内にあるBGMなどを選択して追加することができます。

07

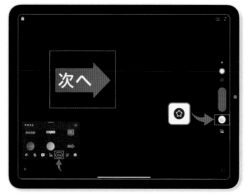

「🔯」をタップすると、画面のようにさまざまなエフェクトを追加することができます。

08 撮影する

「🔯」→「📷」をタップすると、カメラが自動でインカメになり、自分の顔がミー文字になります。

09

「💬」をタップし、ライブタイトルの種類を選択すると、画面下にテロップが追加されます。

10

録画するときは、赤ボタンを押しながら左にスワイプすると録画が開始されます。

11

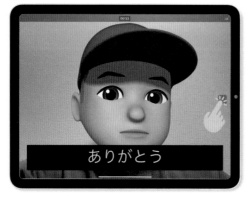

声を出すと、音声を聞き取ったテロップがそのまま表示されます。撮影が終わったら、再び赤いボタンをタップし、撮影を停止します。

12 編集する

左下に、撮影した動画が追加されます。

13

追加された動画をタップすると、トリミングや分割
などの編集が可能です。

14

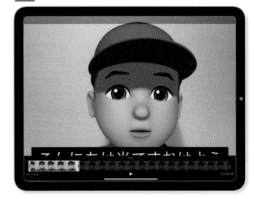

「トリミング」では、動画を必要なところだけ抜き
出すことができます。

15

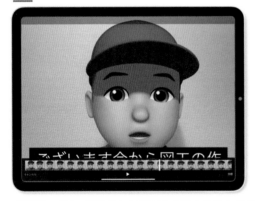

「分割」では、追加された動画を分割することがで
きます。後から分割したところに画像やほかの動画
を追加することもできます。

16

「⬟」→「💬」→「テキストを編集」をタップしま
す。

17

撮影時に声を聞き取ったテキストを編集することが
できます。

18　書き出す

「⬆」をタップすると、ほかのアプリに書き出したり、
ビデオとしてiPad内に保存したりすることができます。

06

対象学年
5年生〜
難易度
★★★☆☆
アプリケーション

メモ

「メモ」アプリでやることリストを作成する

ポイント
1. iPadを開くたびにやることリストが目に入る
2. 課題や日程をメモし見通しをもたせる

準備 特になし

ウィジェット機能を使うことで、メモの中を表示させた状態でホーム画面に追加することができます！

▷ 完成イメージ

01 クイックメモを立ち上げる

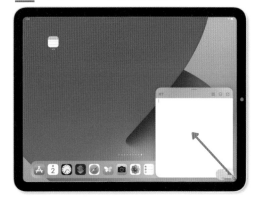

画面左下からスワイプすると、クイックメモを立ち上げることができます。

02

授業でやりきれなかった課題や、忘れそうな事柄をメモに残しておきます。

03

「メモ」アプリを立ち上げると、クイックメモというところに保存されているのがわかります。ここから、メモを追記することもできます。

04

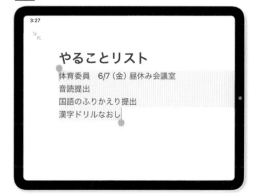

メモの内容を全選択します。

05

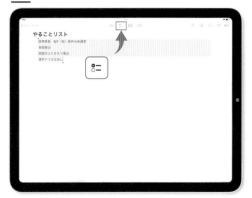

ツールバーにある「☰」をタップすると、項目の前に〇が表示されます。

06

リスト表示にしておけば、画像のように終わった項目にチェックを入れることができます。

07 ウィジェットを追加する

ホーム画面を長押しします。

08

左上に出現した「＋」をタップします。

09

「メモ」をタップします。

10

ホーム画面に追加するウィジェットの形式を選ぶことができます。

11

クイックメモの表示を選択し「ウィジェットを追加」をタップします。

12

すると、ホーム画面に「やることリスト」を表示させることができます。

13

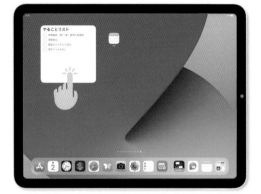

メモの項目にチェックを入れたり追記したいときは、
「やることリスト」をタップします。

14

するとすぐにアプリが立ち上がります。

15

終わった項目にチェックを入れます。

16

ホーム画面に戻ると、反映されているのがわかります。

17　リマインダーアプリ

「リマインダー」というアプリでも同じようにウィジェットに追加することができます。

18

リマインダーであれば、日時を設定して通知させることもできます。

column 1
歴史上の人物になりきってショート動画を作成しよう！

　iPadを使った協働学習の授業を1つ紹介します。1学期も終わりを迎えた頃、2学期の予習も兼ねて「歴史上の人物になりきってショート動画を作成しよう！」という授業を行いました。

　C「先生、社会の授業何すんの〜？もう1
　　　学期の範囲終わったって言ってなか
　　　った？」
　T「そうそう。みんな頑張って早く終わ
　　　ったからさ、今日からちょっと面白
　　　そうなことしようと思ってるよ」
　C「え？　なになに？」
　T「まぁまぁ。そんな焦らないで」

　そんな会話をした後に、この学習内容を発表しました。子どもたちは「絶対面白いやん!!」と、最高の反応をしてくれました。

　このときこそが子どもたちのやる気に火を灯す瞬間です。

　初めに火をつけることができれば、あとは子どもたちが進んで自走していきます。

　動画作成の流れは、以下のように示しました。

動画作成の流れ
①教科書や資料集を読み、大事なところや取
　り上げたいところをピックアップする。
②役割を決めてそれぞれの準備をする。

役割
脚本家（台本づくり）
演者
ナレーション
カメラマン
動画編集

　タブレットがあれば、子ども同士で学習の流れを簡単に共有することができます。また教師も進捗具合を確認することができます。

　子どもたちは、まだ授業で習っていない内容の撮影を行うため、とにかく教科書を読み込んでいました。グループごとの割り振りは以下のように示しました。ページ横の数字は、グループの番号です。

- 織田信長(P124-131)②
- 豊臣秀吉(P132-133)①
- 徳川家康(P134-135)③
- 江戸幕府と大名、徳川家光(P138-141)⑦
- 江戸幕府の暮らしと身分(P142-143)⑥
- 鎖国について(P144-147)⑤
- 江戸時代の文化(P150-161)⑧
- 明治時代、ペリー(P166-169)④

　ショート動画を撮ってみてよかったことは以下の通りです。

・時代の流れを読み取ることができた
・登場人物の特徴や性格を掴むことができた
・教科書や資料集を熟読するようになった
・楽しみながらグループで学習に取り組むこ
　とができた

　役になりきるため、当時の時代背景や登場人物の性格など、グループで何度も話し合い撮影をしていました。

　完成したものを自分たちで見返し「もっとこうしたほうが面白いんじゃない？」「これ、付け足してみようよ！」そんな会話をしながら、進めていく姿が何よりも素敵でした。

　このように、子どもたちが必然的に学習したくなるような仕掛けを用意することが、教師の役割だと改めて感じた活動でした。

iPadアプリ・
WEBアプリ

Chapter 2

[iPadアプリ・WEBアプリ]
アプリの特徴を生かして子どもたちが ワクワクするような活動を！

この章では、iPadアプリやWEBブラウザで使用できるアプリについて紹介します。

Kahoot!

言わずと知れたクイズアプリ。まるでクイズ番組のようなワクワク感を味わうことができます。

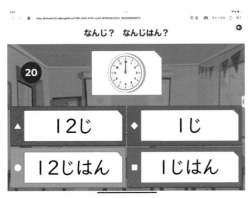

子どもたちの実態や問題の内容に合わせて、様々なモードを選択することができます。

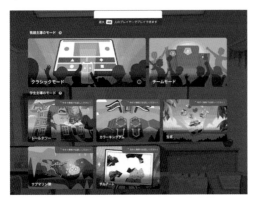

授業で活用するときには、各自で問題をス

タートすることができる「割り当て」機能がおすすめです。

算数の授業では、始業のチャイムと同時にKahoot!を始める、その名も「チャイムカフート！」を行うことがあります。

あらかじめ子どもたちに問題のリンクを配布しておき、始業のチャイムの合図で問題をスタートさせます。

子どもたちは、1秒でも早く問題を解くため、チャイムが鳴る前からスタンバイします。

制限時間は5分間。時間が経てば全て終わっていなくても終了し、授業を開始するようにします。

「割り当て」機能を使うことで、各自で問題をスタートすることできるので、問題をスタートさせるのに時間がかかりません。また、問題を中断したとしても再度その続きから始めることもできます。

P.58では、Kahoot!の「割り当て」機能を使う手順を紹介しています。

CheckMath

AIが一瞬で答え合わせをしてくれるアプリ
です。

算数の授業では、練習問題を解き終えた子
どもから、各自タブレットでノートを撮影し、
答え合わせをします。

そして、次の課題へと自分のペースでどん
どん進めていきます。

その間教師は、問題につまずいている子ど
もの横につき、丁寧に指導することができま
す。

また、暗算練習や百ます計算なども行うこ
とができるので、課題が早く終わった子ども
たちも退屈することなく、練習問題にチャレ
ンジすることができます。

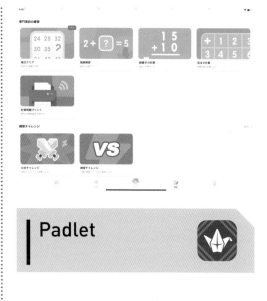

Padlet

オンラインの掲示板アプリで、WEBブラウ
ザのみでも使用可能です。

以下の画像のように、いろんな種類のボー
ドが揃っているので、活動内容に合わせて選
択することができます。

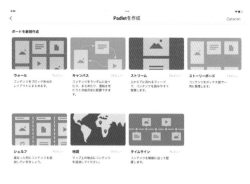

このアプリのいいところは、それぞれが提
出した成果物に対して、子どもたち同士でリ
アクションしたりコメントしたりできるとこ
ろです。

P.66では、Padletで自主学習交流をする手
順を紹介しています。

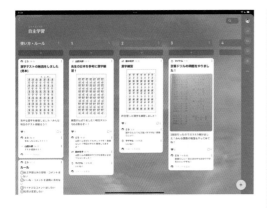

子どもたちが意欲的に学習を進めるようになるとはいえ、放ったらかしでは、子どもたちも飽きてしまいます。

パドレットの導入期は、教師が積極的にコメントをして子どもたちの意欲を引き出します。

そのほかにも、以下のような活動がおすすめです。

・週に1度 Padlet 交流会を実施
・新聞会社（係）などに良い投稿を取り上げてもらう
・おすすめの取り組みを印刷して掲示する

交流会を開くことで、定期的に掲示板を開く習慣をつけ、友達の実践を見る機会を増やします。

また、どの取り組みが参考になったか全体で発表させるなど、目の前の子どもたちに合わせながら進めていくことが重要です。

そのほかにも、図工の作品交流や道徳の振り返りなどに活用することもおすすめです。年間を通して取り組むことで、自分の記録として後から見返し成長を感じることもできます。

Flip

教育用SNSという位置付けをされており、短いビデオなどを投稿したり、相互評価したりすることができるアプリです。

Flipは、アプリひとつで動画の撮影・編集・投稿ができるので、低学年の子どもたちでも使いやすく、十分活用することができます。

背景を透過させ動画を撮影することができるので、以下のような解説動画なども簡単に作成することができます。

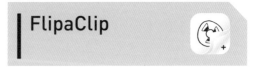

P.74ではFlipで解説動画を作成・投稿する方法を紹介しています。

FlipaClip

アニメーションを作成するアプリです。

自分が描いた絵をコマ送りで動かすことができます。

P.82では、理科で植物の観察のスケッチをFlipaClipで行う方法について紹介しています。

植物の成長に合わせてスケッチを繰り返していきます。すると、最終的に1つのアニメーションとして仕上げることができます。

レイヤーの使い方に多少てこずる子どもたちがいるので、授業で活用する前に、簡単なアニメーション作成の練習を行うことをおすすめします。

Mentimeter

リアルタイムでアンケートを集計できるアプリです。

子どもたちの回答を集めてすぐに可視化したいときに便利です。

画像のように、回答が多かった意見は、文

字が大きく表示されるような設定も可能です。

授業の導入などで、子どもたちの意見を集めたいときなどによく使います。

また、QRコードを読み取るだけで回答することができるので、飛び込みで入ったクラスや参観日に保護者の回答をリアルタイムで集めることもできます。

QRコードを読みとってアプリダウンロード/WEBページへ

Kahoot!

CheckMath

Padlet

Flip

FlipaClip

Mentimeter

01

[iPadアプリ・WEBアプリ]

Kahoot!の「割り当て」機能を使う

対象学年
1年生〜

難易度
★★☆☆☆

アプリケーション

Kahoot!

ロイロノート

ポイント
1. 自由進度で進められる
2. 一人ひとりの成績を確認できる
3. 練習プリントを印刷する必要がなくなる

準備
1. Kahoot!にログインしておく

Kahoot!の「割り当て」機能を使うと、それぞれの子どもが自由なタイミングで問題を解くことができます。授業の隙間時間や復習に使うと効果的です！

▷ **完成イメージ**

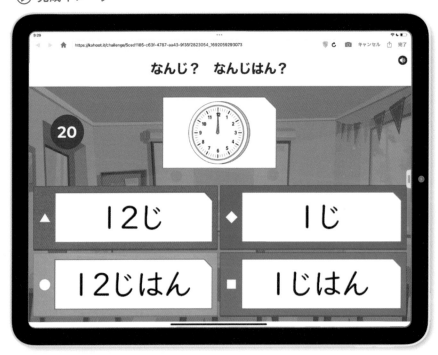

01 教師の画面

「Kahoot!」のアプリを開きます。

02

「発見」をタップします。

03

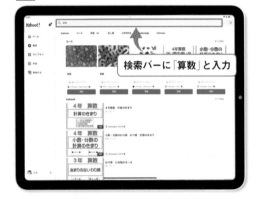

検索バーに「算数」と入力すれば、算数の問題がたくさん出てきます。

04

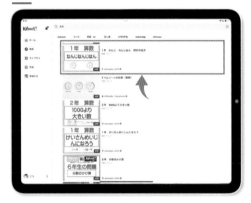

使用したい問題をタップします。

05

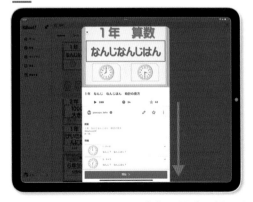

下にスクロールすると問題の内容を1問ずつ確認できます。

06

「開始」をタップします。

07

「割り当て」をタップします。

08

「作成」をタップします。

09

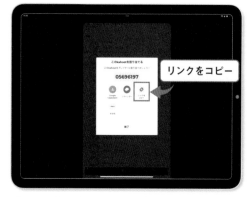

「リンクをコピー」をタップします。

10 ロイロノートで送る

「ロイロノート」を開きます。

11

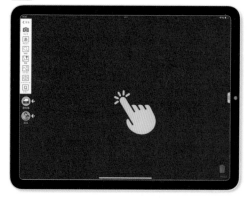

ノートを開き画面を長押しします。

12

「Webをペースト」をタップします。

13

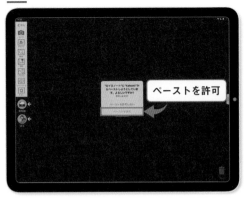

「ペーストを許可」をタップします。

14

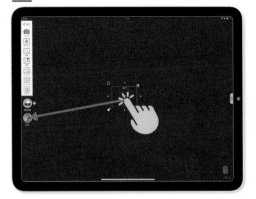

ペーストしたリンクを送信すれば児童に配布完了です。

15 　成績を確認する

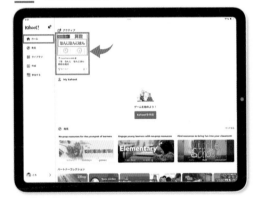

「Kahoot!」を開くと、ホームにあるアクティブ欄に最近使用した問題が表示されています。

16

タップして開くと児童一人ひとりの成績を確認できます。

17 　児童の画面

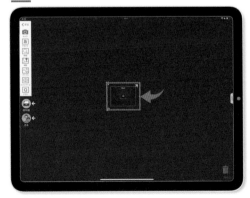

教師から送られていた問題をタップします。

18

画面をダブルタップします。

19

ニックネームを入力します。

20

「OK、次へ！」をタップします。

21

問題が開始されます。

22

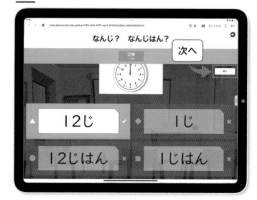

「次へ」をタップして次の問題へ進みます。

23　問題を一時中断する

「完了」をタップします。

24

左上の矢印をタップするとノートの画面に戻すことができます。

25 問題を再開する

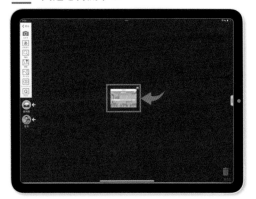

先ほど中断した問題をタップします。

26

画面をダブルタップします。

27

「はい、私です」をタップします。

28

すると、中断したところから再開することができます。

29 こんな使い方もおすすめ

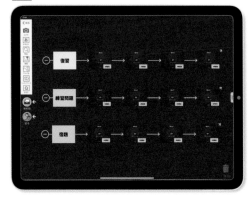

画像のように、それぞれの授業に合わせた復習問題や練習問題を用意しておけば、とても便利です。

30

全て教師が準備するのではなく、児童におすすめの問題を探してもらうのもよいでしょう。また、ロイロノートに限らず、Google Classroomなどほかのツールでも共有は可能です。

02

対象学年
2年生〜

難易度
★☆☆☆☆

アプリケーション

CheckMath

[iPadアプリ・WEBアプリ]

CheckMathで答え合わせ/ 練習問題を実施する

 ポイント

1. 問題を解き終わった人から答え合わせができる
2. 百ます計算や複数人で問題を実施することも可能

 準備

特になし

教科書の練習問題が終わった人からCheckMathで丸付け、そのままCheckMath練習問題の流れが最強です!

▷ **完成イメージ**

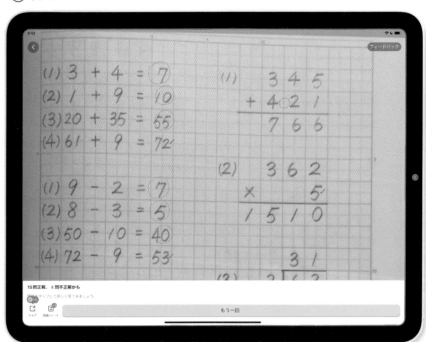

01 ログイン

お持ちのアカウントでログインします。ログインなしでも答え合わせの機能を使用することができます。

02

「宿題チェック」をタップします。

03

方程式や筆算など、さまざまな問題に対応しています。

04

問題を解いたノートを撮影します。

05

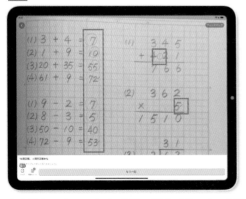

やや見えにくいですが、正答の場合は緑の丸、誤答の場合は赤いチェックマークが表示されます。

06

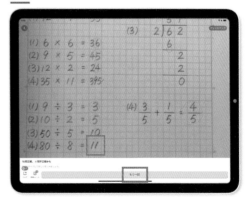

たまに丸付けされない場合があるので、そのときは「もう一回」をタップして再度撮影します。

07 百ます計算を行う

ホームに戻り「練習」をタップします。

08

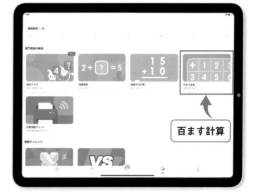

「百ます計算」をタップします。

09

「5×5」「10×10」のどちらかを選択し、やりたい問題の「練習」をタップします。

10

答えを右側の欄に書いていきます。

11

完了すると、タイムが表示されコインがもらえます。

12

ランキングも表示されます。

13

連続練習日数も記録されます。

14 複数人で問題を実施する

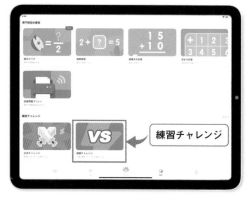

練習チャレンジ

「練習チャレンジ」をタップ、もしくは09で行った「百ます計算」の「チャレンジ」からでも同じようにチャレンジ問題を作成できます。

15

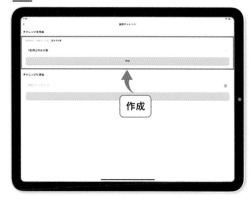

作成

チャレンジ問題を選び「作成」をタップします。

16

確認

「確認」をタップします。

17

チャレンジをシェア

児童がそれぞれアプリを立ち上げPINコードを入力するか「チャレンジをシェア」をタップします。

18

リンクをコピー

「リンクをコピー」をタップし、リンクを共有することで複数人で問題を実施することができます。

03

[iPadアプリ・WEBアプリ]
Padletで自主学習交流

対象学年
5年生〜

難易度
★★★☆☆

アプリケーション

Padlet

ポイント
1. テキスト・画像・音声・動画・手書きなどを投稿できる
2. 友達の投稿を見て、いいね・コメントができる

準備
1. 教師と児童のGoogleアカウント

自主学習をPadletで提出することで、相互評価が可能になります。ノートに限らずデジタルで学習したことも貼り付けたりすることができます！

▷ 完成イメージ

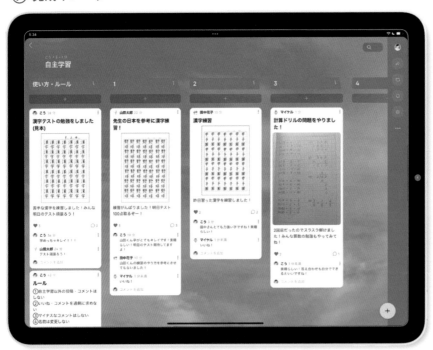

01

「Padlet」アプリをタップします。WEB版の「Padlet」でも同様に使用できます。

02　アカウントを作成する

「新規登録」をタップします。

03

Googleアカウントをお持ちの方は「Googleアカウントで登録する」をタップし、メールアドレスとパスワードを入力します。

04

1番下のピンクの「続行」をタップします。

05

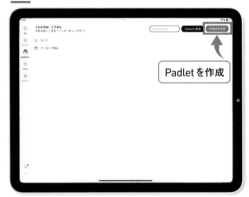

「Padletを作成」をタップします。

06

「セクション付きのウォール」を選択します（セクションには後ほど出席番号を入力していきます）。

07

右側のツールバーにある「設定」をタップします。

08

「タイトル」を入力します。

09

「壁紙」をタップします。

10

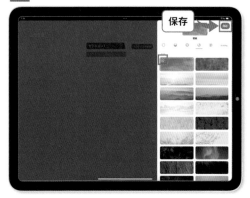

好みの画像を選択し「保存」をタップします。

11

「作成者・タイムスタンプ」と「コメント」をオンにします。

12

コメント機能は、実態に合わせて使用することをおすすめします。
いきなりコメント機能を導入すると、不要な書き込みをする児童が現れる可能性があります。使いはじめは、コメントなしでパドレットの良さや楽しさを実感してもらい、使い慣れてきてからコメント機能をオンにすることで不要なトラブルを防ぐことができます。

13

「リアクション」をタップします。

14

「いいね」を選択し「保存」をタップします。

15

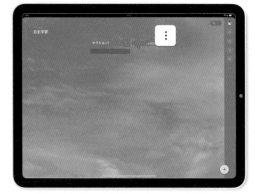

「：」をタップします。

16

「セクションの名前を変更」をタップします。

17

セクションの名前は「使い方・ルール」としておきます。

18

「＋」をタップします。

19

タイトル、投稿内容を入力します。

20

使い方の投稿文を作成します。「公開」をタップします。

21

ルールが書かれた投稿文も作成します。ルールは子どもたちと考えながら決めても良いでしょう。

22

投稿は縦に連なり、最新のものが上にくるようになっています。

23

投稿の見本も作成します。タイトルには「学習した内容」を入力します。画像を追加するときは、下にある「🖼」をタップします。

24

カメラロールにある画像を選択し追加することができます。「公開」をタップします。

25

このように使い方・ルール・見本を用意しておくと、それを見ながらスムーズに活動を進めていくことができます。

26

投稿の左下にある「♡」をタップすれば、いいねを押すことができます。その下の欄には「コメント」を入力することもできます。

27

投稿の右上にある「：」をタップすれば、投稿を編集したり、削除したりすることができます。

28 児童が投稿する場所を作成する

「セクションを追加」をタップします。

29

セクション名は「出席番号」または「児童名」にしておきます。

30

「セクションを追加」を繰り返していき、クラスの人数分のセクションが作成できたら完成です。

31

ツールバーにある「↗」をタップします。

32

「プライバシー設定を変更」をタップします。

33

「訪問者の権限」は「書き込み可能」にしておきます。

34 児童を招待する

児童を招待する方法は3つあります。まず「メンバーを追加」をタップします。

35 ①メールアドレスを入力

1つ目は、メールアドレスを入力し、メンバーを追加する方法です。1人ずつ入力していく必要があるため、人数が多い場合、このやり方はおすすめしません。

36 ②リンクを送信

2つ目は「リンクをクリップボードにコピー」をタップし、Google Classroomなどクラス全員が送信できるツールを使って招待する方法です。

37 ③QRコード

3つ目の方法はQRコードを読み取らせ、メンバーを
追加する方法です。

38 児童の画面

まずは、**01～03**と同じようにメールアドレスで
ログインをします。
児童にメールアドレスが配布されていない場合、
ログインをせず使用することもできますが、そ
の場合は投稿やコメントが「匿名」となってし
まいます。

39

ログインが完了したら「Padletに参加」をタップし
ます。

40

「QRコード」で掲示板に参加する場合は「QRコー
ドをスキャン」をタップし、教師が提示したQRを
読み取れば、掲示板に参加できます。

41

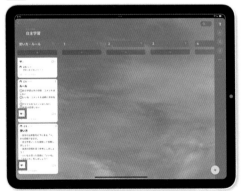

使い方やルールの投稿を読み、理解した人は「いい
ね」をタップします。

42

一度学校で投稿やコメントをし合う練習をし、活動
を進めていくことをおすすめします。

04

対象学年
2年生〜
難易度
★★★☆☆
アプリケーション

Flip

Flipで解説動画を作成・投稿する

ポイント

1. アプリひとつで動画の撮影・編集・課題の提出ができる
2. リアクションボタンやコメントで相互評価することができる

準備

Microsoft、Google、Appleのいずれかのアカウント

このアプリだけで課題の提出まで完結するので、タブレットに使い慣れていない低学年にもおすすめです！

▷ 完成イメージ

01 教師の画面　サインアップ

「新規登録」をタップします。

02

Microsoft、Google、Apple のいずれかのアカウント
を使用してサインアップします。

03

メールアドレスとパスワードを入力します。

04

必要事項を入力し「完了」をタップします。

05

成績レベルを選択し「次へ」をタップします。

06

「教師です」をタップします。

07　グループの作成

グループ名を入力します。「4年1組」としておきます。

08

背景画像を選択し「グループを作成する」をタップします。

09

児童をグループに招待するとき「共有」をタップします。

10

右上の「QRコード」をタップします。招待用リンクをコピーし、Google Classroomなどに送信して共有することもできます。

11

このようにQRコードが表示されるので、それぞれの端末で読み込み、グループに参加してもらいます。

12　児童の画面　グループに参加

01〜06と同じ流れでサインアップを行い「学生です」を選択します。

13

画面右上の「QRコード」をタップします。

14

するとこのような画面になるので、教師が提示している QR コードを読み込んでグループに参加します。

15

「＋」をタップし、11のQRコードの下に表示されている参加コードを入力してグループに参加する方法もあります。

16 教師の画面　課題の作成

課題を設定するときは、まず「新しいトピックを追加」をタップします。

17

課題の内容と説明を入力します。

18

児童が提出する課題の記録時間を変更することができます。

19

「トピックを投稿する」をタップすれば課題の作成は完了です。

20

「QRコード」を提示するか「招待用のリンク」を送信して課題を共有することができます。

21 　児童の画面　課題の作成・投稿

教師が課題の共有をしなくても、トピックを表示すれば、現在作成されている課題を確認することができます。

22

課題の撮影・提出をする際には、画面中央下にある「○」をタップします。

23

「」をタップします。

24

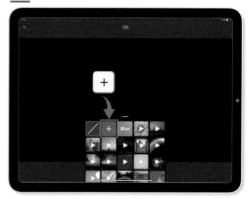

ここでは背景画像を選択することができます。iPad内の画像を使用する場合は「＋」をタップします。

25

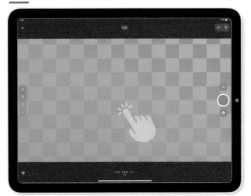

すると、このような緑のチェック柄の背景になります。画面をタップし、iPad内にある使用したい画像を選択します。

26

iPadのカメラを自分の方に切り替えると、自分の顔と体だけが切り抜かれた状態で写ります。左側のバーからテキストなどを挿入することもできます。

27

「■」をタップして撮影を開始します。再度ボタンを押すと、録画が停止されるので、カットしながら撮影することができます。

28

画面をタップすれば、ほかの画像に変更することができます。

29

撮影が終わったら、右下に表示されている数字をタップします。この数字は、動画のカット数になります。

30

編集画面に切り替わります。ここで動画の長さを調整したり、余計な部分をカットしたりすることができます。

31

「テキスト」や「BGM」を挿入することもできます。

32

編集が終わったら「>」をタップします。

33

「トピックに投稿」をタップします。

34

これで課題の提出が完了です。

35

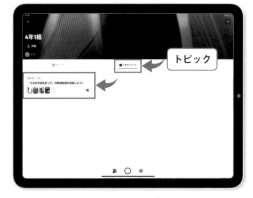

トピックを開き、課題をタップします。

36

すると、すでに提出済みになっているほかの人の作品を見ることができます。

37 コメントを確認・追加する

「💬」をタップします。

38

すると、友達が追加したコメントを確認したり、自
分がコメントを追加したりすることができます。

39

「…」→「リンクの共有」をタップします。

40

動画をほかのアプリに共有したり、リンクをコピー
したりすることもできます。

41 作品を掲示

コピーしたリンクを「QRコード化」し、大きい模造
紙の上にQRコードを貼り付け、廊下などに掲示す
れば、ほかのクラス・学年の子たちも動画を見るこ
とができるのでおすすめです。

42

　QRコードの作成は、専用のWEBサイトを使用
するか、QRコードを生成するショートカットを
使用する方法があります。ショートカットの作
成方法については『あなたのiPadを200％活用
する教師の仕事術！』（東洋館出版社）にも載せ
ています。

05

対象学年
3年生〜

難易度
★★★★☆

アプリケーション

FlipaClip

[iPadアプリ・WEBアプリ]

FlipaClipでアニメーションを作成する

ポイント
1. アニメーションを簡単に作成することができる
2. 自分が描いた絵をコマ送りで動かすことができる

準備
1. 事前に簡単なアニメーション作成の練習をしておく

ここでは、理科で植物の観察のスケッチをFlipaClipで行う手順を紹介します。成長過程をスケッチしていくことで、最終的には種から花が咲くまでのアニメーションを作成することができます。

▷ 完成イメージ

01

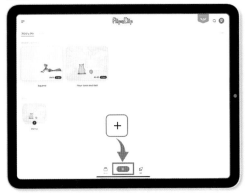

「+」をタップします。

02

プロジェクト名を入力します。03は「キャンバスサイズ」、04は「1秒当たりのフレーム数を選択」をタップした画面になります。

03

「キャンバスサイズ」を決めます。

04

「1秒当たりのフレーム数」を設定します。後で変更することもできます。

05

「プロジェクトを作成」をタップします。

06

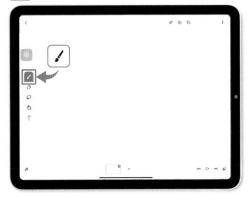

「 ✐ 」をタップします。

07

カラーを変更します。

08

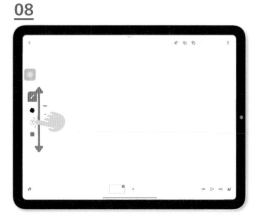

真ん中の「・」を上下にドラッグすると、筆の太さ
を変更することができます。

09

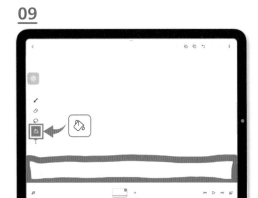

適当に四角に囲った後「⬭」をタップします。

10

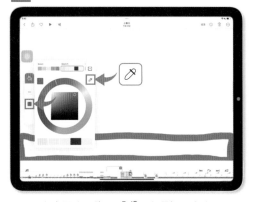

カラーを変更する際は「⬭」を選択します。

11

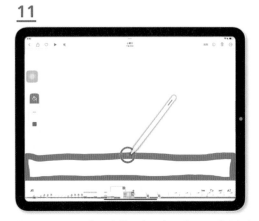

タッチペンで、先ほど描いた四角の上にスポイトを
動かすと、同じカラーを選択することができます。

12

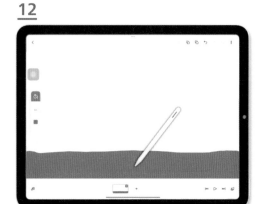

四角の中をタップすると、ペンキで塗りつぶすこと
ができます。

13

1枚目の画像をタップし「⬚」をタップします。

14

「⬚」をタップします。

15

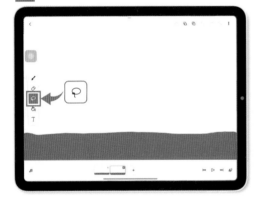

2枚目の画像を選択し「◯」をタップします。

16

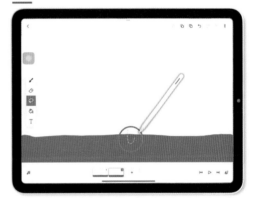

切り抜きたいところをなぞります。

17

切り抜いたところを選択した状態で「🗑」をタップすれば、削除することができます。

18

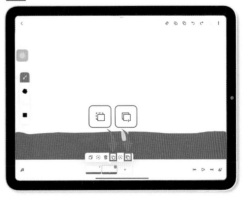

2枚目の画像をタップし「⬚」「⬚」をタップします。

19

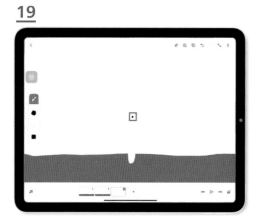

複製された3枚目の画像に、種の絵を描きます。

20

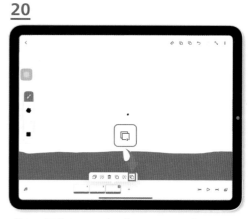

3枚目の画像をタップし「⬚」をタップします。

21

複製された4枚目の画像に、先ほど描いた種よりも下の方に種の絵を描きます。

22

20〜21を何回か繰り返していきます。

23

6枚目の画像には最後は土の中に種が入るように描きます。

24

6枚目の画像を複製した後「ペン」をタップしカラーを選択します。

25

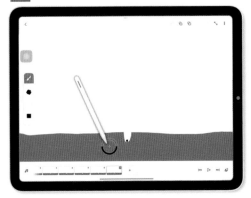

タッチペンで土の色をなぞると、カラーが土と同じ色になります。

26

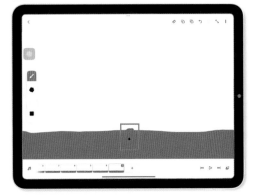

種が埋まるように周りを塗りつぶします。

27

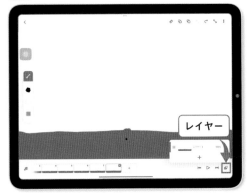

レイヤー

右下にある「レイヤー」をタップします。

28

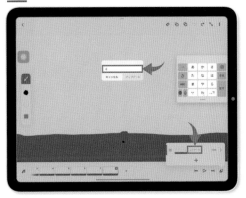

「レイヤー1」の名前を変更しておきます。「土」としました。

29

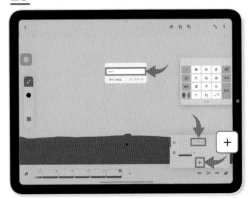

「+」をタップして新しいレイヤーを作成します。「レイヤー2」の名前を変更します。「水やり」としました。

30

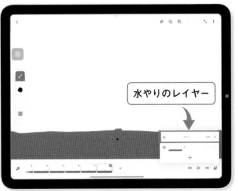

水やりのレイヤー

「水やり」のレイヤーを選択します。

31

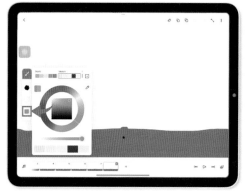

「ペン」をタップしカラーを選択します。

32

ジョウロを描きます。

33

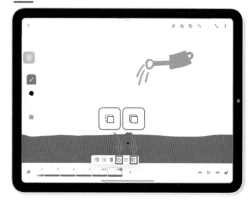

9枚目の画像をタップし「□」「□」をタップします。

34

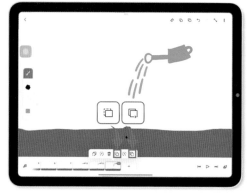

ジョウロの水を付け足し「□」「□」をタップします。これを何回か繰り返していきます。

35

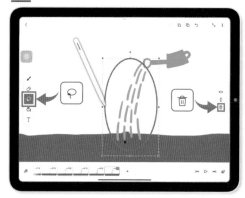

水を描き終えたら「○」をタップし、タッチペンで水を囲みます。右にある「🗑」をタップして、水を削除します。

36

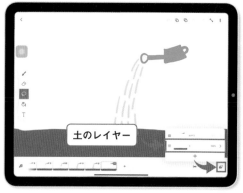

「□」をタップし「土」のレイヤーを選択します。

37

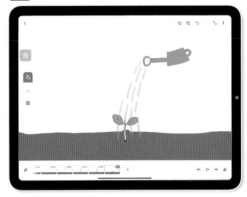

双葉を描きます。

38

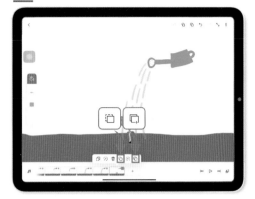

13枚目の画像をタップし「⛶」「⛶」をタップします。

39

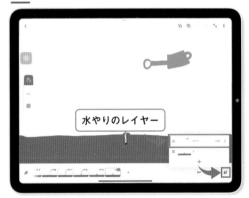

「⛶」をタップし「水やり」のレイヤーを選択します。

40

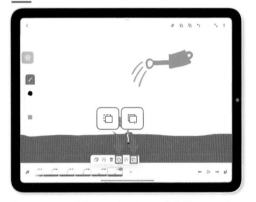

先ほどと同じように、ジョウロの水を描いては「⛶」「⛶」を繰り返していきます。

41

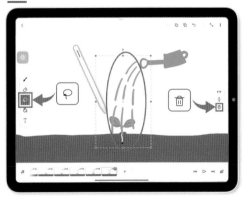

「◌」をタップし、タッチペンでジョウロの水を囲みます。「🗑」をタップし削除します。

42

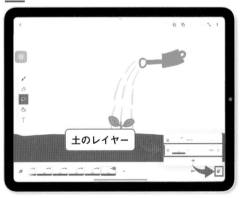

「⛶」をタップし「土」のレイヤーを選択します。

43

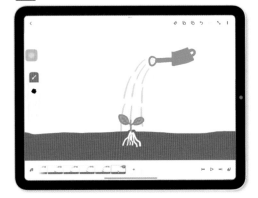

根っこを描き足します。

44

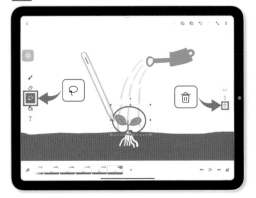

「♀」をタップし、双葉を囲みます。「🗑」をタップし削除します。

45

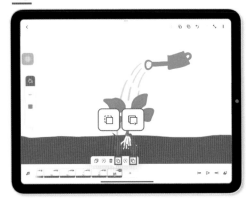

葉が成長した様子を描きます。17枚目の画像をタップし「🗂」「🗐」をタップします。

46

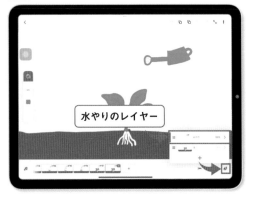

「🗗」をタップし「水やり」のレイヤーを選択します。

47

このようにして、ホウセンカを観察し絵を描くときは「土」のレイヤーを、水やりの絵を描くときは「水やり」のレイヤーを選択して描いていきます。ホウセンカの成長過程を見ながら、何度かこの作業を繰り返していきます。

48

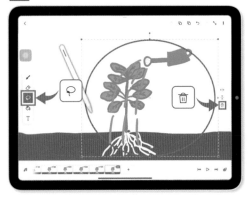

花が咲く前まで描くことができたら「水やり」のレイヤーを選択し、ジョウロと水を削除します。

49

レイヤーを「土」に戻し、ホウセンカの花を描いたら「▷」をタップして、アニメーションを確認します。

50

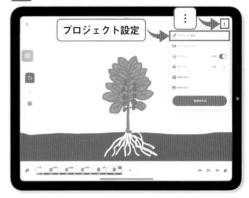

確認できたら、右上の「⋮」→「プロジェクト設定」をタップします。

51

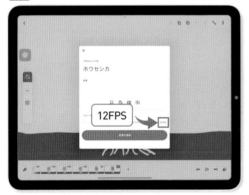

「12FPS」をタップします。

52

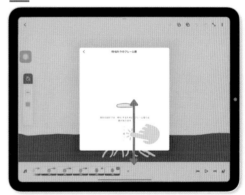

コマ送りのスピードを調整します。

53

「変更を保存」をタップします。

54

「フォトに保存」をタップすれば、iPadのカメラロールに保存することができます。

06

[iPadアプリ・WEBアプリ]

Mentimeter で全員の意見を集める

対象学年
1年生〜

難易度
★★☆☆☆

アプリケーション

Mentimeter

ポイント

1. リアルタイムで回答を集めることができる
2. Webブラウザのみで使用可能

準備

1. Googleアカウント

ここでは、国語「ごんぎつね」の導入の際にMentimeterを使用する手順を紹介します。導入で一気に子どもの意見を吸い上げることができるのでとても便利です！

▷ 完成イメージ

01

Mentimeterのページは、英語表記のため、サイト内で翻訳機が使える「Google Chrome」で検索するのがおすすめです。

02

Mentimeterのページを開き「Sign up」をタップします。

03

Googleアカウントでサインアップします。それ以外のアカウントでもサインアップは可能です。

04

「Education」「Teacher」を選択し「Next」をタップします。

05

無料で使用する場合は「Continue with free」をタップします。

06

ログイン後のホームは、このように全て英語表記の画面になります。

07

「…」→「翻訳」をタップします。するとページの表記が日本語に変わります。

08　プレゼンテーションを作成する

「+新しいプレゼンテーション」をタップします。

09

新しいページを開くたびに英語表記に戻るので、**07**と同じように「…」→「翻訳」をタップします。

10

「+新しいスライド」をタップします。

11

「ワードクラウド」をタップします。

12

「Question」の欄に、質問を入力します。

13

画像を挿入したい場合は「Click to add image」をタップします。

14

「click here」をタップします。

15

画像を選択し「Save」をタップします。

16

するとこのようなスライドになります。

17

「デザイン」をタップします。

18

スライドのレイアウトをお好みで変更することができます。

19

「インタラクティブ性」をタップします。

20

リアクションボタンを選択し、スライドの右下に表示
させることができます。必要なければ選択しません。

21

「Answers per participant」の欄では、回答者が回
答できる数を決めることができます。

22

「Show instructions bar」をオフにすることで、ス
ライド上部に表示されていたアクセスコードを非表
示にすることができます。

23

「Show QR code」をオンにするとスライドの左下に、
参加者が回答をするときに読み込むQRコードを表
示させることができます。

24

スライドが完成したら「◉」をタップします。

25

すると、教師の画面（左）と回答者の画面（右）を確認することができます。

26

24の画面に戻り「共有」をタップします。

27

「招待リンク」をコピーして共有したり「QRコード」をダウンロードしたりすることもできます。今回は必要ないので、このまま先ほどの画面に戻ります。

28

「現在」をタップします。

29

この画面を教室のテレビモニターに映します。子どもたちは自分の端末でQRコードを読み取り、質問に回答します。

30

子どもたちが回答すると画面に言葉が表示されます。回答が多かった言葉は、大きく表示されます。

タイプスピード爆上げ！戦略的にタイピングサイトを活用せよ！

　タブレットを利活用するために欠かせないのがタイピングスキルです。

　タイピングサイトには「基礎を身につける」ものと「速度アップ」が目的のものがあります。

　タイピングサイトによっての特徴を生かすには、活用する順番が重要になってきます。

①プレイグラム

　プレイグラムは「正しい指使い」を覚えることができます。新年度からは飽きるまで徹底的にこのサイトで練習をさせます。

②キーボー島アドベンチャー

　基礎のタイピングスキルが身についたら、キーボー島アドベンチャーを使います。

　ダンジョンをクリアしていくゲーム形式のタイピングサイトです。ゲーム感覚でできるので子どもたちは意欲的に取り組みます。

　レベルが上がっていくと、かなり難しくなってくるので、多くの子は自ら再度プレイグラムで基礎練習をし始めるようになります。

③寿司打

　指使いの基本が定着したら寿司打を導入します。

　このサイトでは、タイプの速さと正確性を試すことができます。ゲーム性もあり、子どもたちがハマること間違いなしです。

　このように、ただサイトを教えるだけでなく、用途や実態に合わせながら、運用していくことが重要です。

◎マナビジョン

　最後に紹介するのはマナビジョンです。このサイトは時間を決めてタイピング練習をすることができます。

　朝の会などの短い時間で、定期的に記録会などを実施し、年間を通じて活用することをおすすめします。

Canva

Chapter 3

[Canva]
子どもたちのアイデアを100％叶えてくれるCanvaアプリ！

Canvaは、デザイン作成アプリです。アプリがなくても、WEBブラウザ上で使用することができます。

豊富なテンプレート

Canvaの一番の特徴とも言えるのが、膨大な量のテンプレートです。

お好みのテンプレートを使用して編集すれば、子どもたちも簡単におしゃれなデザインの成果物を作成することができます。

豊富な素材

さらにCanvaの優れているところは、素材が豊富に揃っているところです。画像を見てわかる通り「犬」と検索すると、犬に関する画像やグラフィックが大量に出てきます。

わざわざWEBから画像を保存しなくても、Canvaだけでイメージ通りの成果物を作成することができます。

さまざまな成果物に対応

作成できる成果物も豊富で、ポスターやチラシはもちろん、スライド資料や動画なども作ることができます。

作りたいものを検索バーに入力すれば、すぐにぴったりのテンプレートを提案してくれます。

Canva for Education を使用する

Canva for Education（教育版Canva）は、対象の教員であれば、申請して使用することができます。

Canva Proの機能に加え、教育の現場に合わせてカスタマイズされたさまざまな機能やテンプレートも利用することができます。

申請の手続きについては、P.102で紹介します。

共同編集で協働学習

Canva for Educationでは「クラス」を作成し、子どもたちを招待することができます。

クラス内では、下の画像のように1つの新聞を複数人で編集することも可能です。

教師は編集中のデザインをリアルタイムで確認したり、訂正箇所にコメントを入れたりすることもできます。

子どもたちが試行錯誤しながら、1つの目的に向かって活動するには、もってこいのアプリと言えるでしょう。

人数分のページを用意して成果物を作成する

Canvaでは、人数分のページを用意して取り組ませる方法があります。

以下は「3年1組のおもしろことわざ辞典を作ろう！」という活動で行った際の画像です。

出席番号などで、誰がどのページを編集するかを指定しておき、自分の作品を作成します。

このようにすることで、リアルタイムでほかの人の作品を参考にしながら、作り進めていくことができます。

また、全員が作成した後に、アニメーションを追加して1つのスライドや動画としても書き出すことができます。

もちろんまとめて印刷することも可能です。

テンプレートを用意する

授業に合わせた成果物を作成するときには、「ブランドテンプレート」機能を使うのがおすすめです。

以下の画像のように、事前に授業で使いたいデザインテンプレートを作成しておきます。

このようにテンプレートを用意しておくことで、操作にてこずったり、デザインにこだわり過ぎたりせず、授業の目的を達成することができます。

Canvaの導入期や、タブレットに使い慣れていない低学年におすすめです。

01

かかる時間
3分

難易度
★☆☆☆☆

アプリケーション

Canva

[Canva]
Canva for Educationを
申請し授業で使用する

ポイント
1. 申請は証明書があれば3分で完了
2. 授業で使用するか個人で使用するかで使い分けが必要

準備
1. Googleアカウント
2. 教諭免許状などの証明書

Canva for Educationの申請は承認されるとプレミアム機能が全て使えるようになるので、活用の幅がさらに広がります！

▷ 完成イメージ

01 ログイン

「Google で続行」をタップします。

02

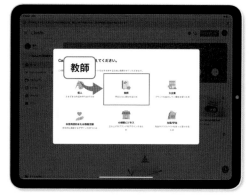

「教師」をタップします。

03

教育現場を選択し「続行」をタップします。

04

「開始する」をタップします。

05

名前や勤務校の情報などを入力し「続行」をタップします。

06

「ファイルを選択」をタップし、教諭免許状など証明書として利用できる書類を添付します。

07

「完了」をタップします。7日以内にログイン時のアドレスにメールが届き、申請が承認されれば、Canva for Educationを使用することができます。

08

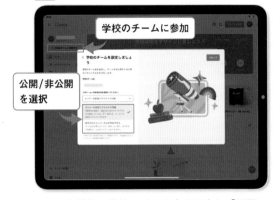

Canvaを開き、学校のチーム名を入力し「公開」か「非公開」かを選択します。「学校のチームに参加する」から後で設定することもできます。

09

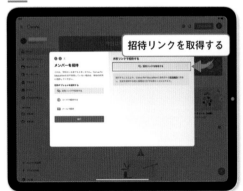

「＋クラスを作成」をタップします。学校のチームに参加していないと「＋クラスを作成」は表示されません。

10

クラス名を入力し「続行」をタップします。

11

「招待リンクを取得する」をタップします。

12

「コピー」をタップし、Google Classroomなどにリンクを送ってクラスに招待します。コードで招待することも可能です。

13

作成したクラスは「すべてのプロジェクト」から確認することができます。

14

「⚲」をタップし、児童のメールアドレスを入力して後からクラスに招待することもできます。

15

権限を「編集可」にすることで、クラス内のデザインを編集したり追加したりすることができます。

16 児童の画面

クラス内で「＋新しく追加」→「デザインの追加」で「＋新規作成」をタップし、デザインを作成すると、メンバー全員にデザインが共有されます。

17

ホームからデザインを作成すると、クラスのメンバーには共有されません。

18

教師のアカウントでも同様の仕組みになっているので、使い分けが必要です。
・授業で子どもたちに共有したいデザイン
　　→「クラス内でデザイン作成」
・学級通信など、自分だけが使用するデザイン
　　→「ホームからデザイン作成」

ホームから作成したデザインを後からクラス内に移動して共有することは可能です。

02

クラスメイト全員で1つの成果物を作成する

対象学年
3年生〜

難易度
★★★☆☆

アプリケーション

Canva

ポイント
1. 編集中にほかの人の作品を見ることができる
2. 素材が豊富で簡単に見栄えの良い作品ができる

準備
1. Canva for Educationの登録
2. クラスの作成

Canvaのいいところは、さまざまな成果物を作成することができるところ！単元の内容や子どもたちに合わせてゴールを決めよう！

▷ **完成イメージ**

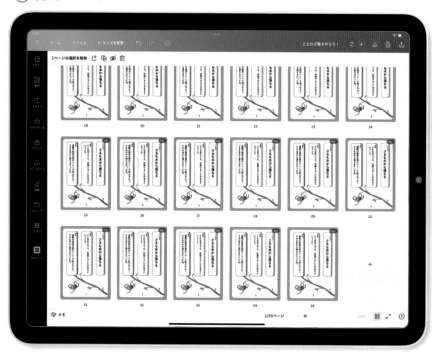

01

ここでは、3年生の国語で「ことわざ集」を作成する方法を紹介します。

1冊の本のように作成して印刷したり、アニメーションを追加して動画として書き出したりと、やり方はさまざまです。

02 デザインを作成する

ホームから「プロジェクト」をタップします。

03

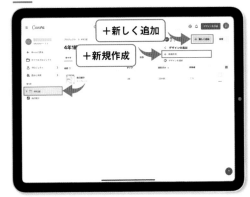

クラス（4年1組）を選択して「＋新しく追加」→「デザインの作成」で「＋新規作成」をタップします。

04

検索バーに「A4」と入力します。

05

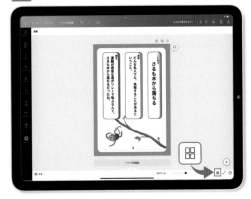

見本を作成し「⊞」をタップします。

06

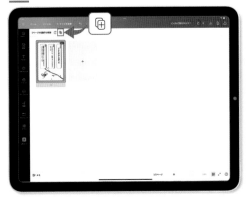

「⊞」をタップし、見本をクラスの人数分複製します。

07

自分の出席番号のページを編集するようにさせます。このようにすることで、編集中にほかの人の作品を見たり、参考にしたりすることができます。

08　児童の画面

クラス内（4年1組）にあるデザインをタップします。

09

「編集」をタップします。

10

自分の出席番号のページを開き、ページ数を変更します。

11

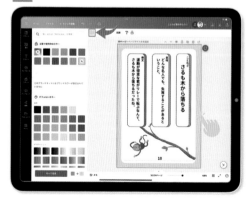

ページを選択した状態で、カラーをタップし好みのカラーに変更します。

12

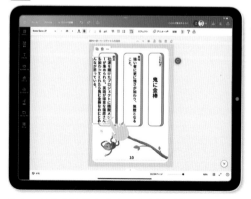

テキストを打ち替えます。文字数が多く、はみ出してしまった場合は、テキストをタップします。

13

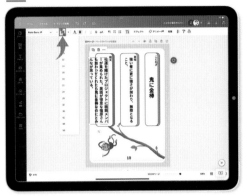

次に、上部のツールバーにある数字をタップします。

14

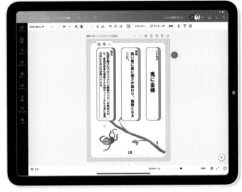

文字の大きさを変更して調整すれば完了です。

15

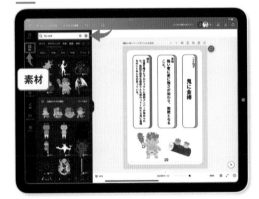

画像を挿入するときは「素材」をタップし、検索バーに追加したい画像の名称を入力します。好みの画像をタップして追加します。

16

ページが完成したら、ほかの人が間違って編集できないように「⬛」をタップし鍵をかけておきます。

17 教師の画面 印刷する

「共有」をタップします。

18

ファイルの種類と印刷するページを選択し「ダウンロード」をタップします。

19

「プリント」をタップします。

20

プリンタを選択し印刷します。

21　アニメーションを追加し動画として書き出す

ページを選択した状態で「アニメート」をタップします。

22

いろんなアニメーションを選ぶことができます。

23

好みのアニメーションを選択し「すべてのページに適用」をタップすれば、全ページに同じアニメーションが追加されます。

24

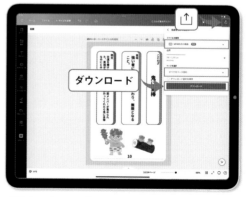

「共有」をタップし、ファイルの種類を「MP4」ページは「すべてのページ」を選択し「ダウンロード」すれば、動画として書き出すことができます。

25 自分のワイプ動画を挿入する

「アップロード」→「ファイルをアップロード」を
タップします。

26

iPadに保存されている動画を使用する場合は「写真
ライブラリ」これから撮影する場合は「写真または
ビデオを撮る」を選択します。

27

アップロードした動画をタップし、ページに追加し
ます。

28

「素材」をタップし、検索バーに「丸」と入力しま
す。好みのフレームをタップしページに追加します。

29

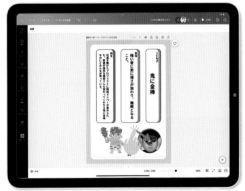

動画をフレームの中に動かすと、動画がフレームの
形にすっぽりとはまります。

30

画面中央下にある「∨」をタップし「▶」すれば動
画を確認することができます。細かい編集もここで
行うことができます。

03

対象学年
3年生〜

難易度
★★☆☆☆

アプリケーション

Canva

[Canva]
特定の児童にデザインを
共有する / コメントを追加する

 ポイント
1. Canva内にいろいろなアプリを追加することができる
2. コメント機能で評価が簡単にできる

 準備
1. Canvaにログイン
2. 児童のメールアドレスor端末

子どもたちが編集しているデザインをリアルタイムで確認できるのもCanvaのいいところ!

▶ **完成イメージ**

01

グループで新聞記事を作成するときを想定し、複数の特定児童に対してデザインを共有する方法を紹介します。ここでは以下の3つの方法を紹介します。
①メールアドレスを追加して共有する
②リンクを送信して共有する
③リンクをQRコード化して共有する
また、13からは児童の成果物に対してコメントを追加する方法も載せています。

02　デザインを作成する

ホームにある検索バーに「新聞記事」と入力します。

03

テンプレートから、イメージに合うものを選択します。

04

「⬆」をタップします。

05

「あなただけがアクセス可能」となっているところをタップし「リンクを知っている全員」に変更します。

06

アクセスできるメンバーの欄に、共有したい児童のメールアドレスを追加するか、リンクをGoogle Classroomなどに送って共有します。

特定の児童にデザインを共有する/コメントを追加する

07 QRコードを作成して共有する

ツールバーにある「▦」をタップします。

08

検索バーに「QRコード」と入力します。

09

「QRコード」というアプリを選択し「開く」をタップします。

10

すると、ツールバーの一番下に「QRコード」のアプリが追加されます。「↥」→「リンクをコピー」をタップします。

11

「＋ページを追加」をタップし、白紙のページを用意しておきます。

12

リンクを「URL」に貼り付け「コードを生成」をタップします。すると、白紙の上にQRコードが表示されます。児童に読み取らせデザインを共有します。

13　コメントを追加する

教師は、児童が編集しているデザインをリアルタイムで確認することができます。「♡」をタップします。

14

成果物に対する評価などを入力し「コメント」をタップすると、児童にコメントを送ることができます。

15

漢字の訂正など、特定の場所にコメントを追加したい場合は、そのテキストをタップし「…」をタップします。

16

「コメント」をタップします。

17

このようにすると、そのテキストに対してコメントを追加することができます。

18　児童の画面

追加されたコメントは、ページの横に表示されます。リアクションをしたり、コメントに返信したりすることができます。

特定の児童にデザインを共有する／コメントを追加する　**115**

04

対象学年
2年生〜
難易度
★☆☆☆☆
アプリケーション

Canva

[Canva]
クラスでブランドテンプレートを
共有 / 課題を提出・レビュー

ポイント
1. テンプレートを作成することで活動がスムーズに
2. 教師に提出したり児童にフィードバックを送ったりできる

準備
1. Canvaにログイン
2. クラスの作成

テンプレートを作成しておくことで、低学年の子ども
でもスムーズに成果物を作成することができます！

▷ **完成イメージ**

01

ここでは、自己紹介カードのテンプレートを作成する方法を紹介します。それぞれの児童は、そのテンプレートを使用し、自己紹介カードを作成することができます。この方法は、同じデザインで成果物を作成させるときにとても便利です。テンプレートを使用することで、デザインを選ぶなどの時間を短縮することができます。また、タブレットの操作に慣れていない低学年にもおすすめです。

02 デザインを作成する

ホームから、作成したいデザインを検索します。「自己紹介」と入力しました。

03

好みのテンプレートを選びます。

04

テンプレートにしたいデザインに整えたら「⬆」をタップします。

05

「ブランドテンプレート」をタップします。

06

「プロジェクト」をタップします。

07

テンプレートを共有したいクラス（4年1組）を選択します。

08

「追加」をタップします。

09

「公開」をタップします。これでテンプレートが完成しました。

10　児童の画面

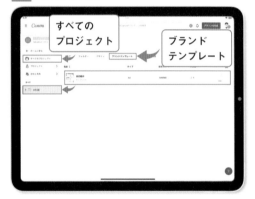

「すべてのプロジェクト」→「クラスを選択（4年1組）」→「ブランドテンプレート」をタップすると、先ほど作成したテンプレートが表示されます。

11

「このテンプレートを使用する」をタップすると、作成したテンプレートを使うことができます。

12

テンプレートのコピーは、誰にも共有されず、個人のデザインとして使用することができます。

13 児童の画面　教師に提出する

課題が完成したら「⬆」→「教師に送る」から課題を提出することができます。

14

教師を選択しメッセージを入力後「送信」をタップします。

15 教師の画面　児童の成果物をレビューする

児童が課題を提出すると、プッシュ通知が届きます。

16

アクティビティを確認し、共有されたデザインを開きます。

17

「⬆」→「レビューする」をタップします。

18

メッセージを入力し「これで受け付ける」をタップし児童にフィードバックを送ることができます。

column 3
成果物を作る際は相手を意識させるべし！

単元のゴールを設定する際に意識していることは「相手意識」をもたせることです。「誰に向けて作るのか」を明確にすることで、さらに子どもたちの心に火がつきます。

例えば「1年生に紹介する本を選んでポップを作成しよう！」といった感じです。

相手意識をもたせることで「1年生だから字が少ない本の方がいいな」「漢字には、ふりがなを振っておこう」といったように、相手のことを考えながら工夫して作成するようになります。

さらには画像のように、相手によっても活動の意欲が変わってきます。

レベル6：世界
レベル5：日本
レベル4：地域
レベル3：家族
レベル2：学校内
レベル1：他学年

「世界に向けて～」なんて言われると、大人でもワクワクしますよね。

相手が外に広がれば広がるほど、子どもたちは意欲的に取り組むようになります。

もちろん教師は実際にその相手にその成果物が渡るように準備が必要です。

時には、学生時代一緒に教師を目指した友人に連絡して、ほかの学校とコラボした授業を考えるのもいいかもしれません。

単元名に「○○に向けて～」とつけて、さらに子どもたちの意欲を引き出しましょう！

単元例
・3年生に向けて、来年学習するごんぎつねの予告CMをつくろう！
・地域の人に向けて、商店街に行きたくなるようなPR動画やポスターを作成しよう！
・海外の人に向けて、日本の観光地を紹介するパンフレットを作成しよう！

Google

Chapter 4

[Google]
世界のGoogleだからこそ、今から使い慣れておこう！

Googleのサービスは、世界中で使用されており、教育現場だけでなく日常生活のさまざまな場面で活用されています。

今後もGoogleは私たちの生活にとって切っても切れない存在になるでしょう。

将来的にも子どもの頃からGoogleのサービスに使い慣れておくということは、大きなメリットがあると言えます。

共同編集

そしてGoogleアプリの特徴とも言えるのが、共同編集のしやすさです。

リンクのみで手軽に共有できるほか、共同編集独特のラグなどはほぼなく、授業での活用もスムーズに行えます。

次に紹介する、ドキュメント・スプレッドシートも共同編集を活用した事例となっています。

Google ドキュメント

Googleが提供する文書作成アプリです。

国語の授業では、グループで提案書を作成したり、発表原稿を考えたりするときに非常に便利です。

また卒業式の呼びかけもドキュメントひとつでセリフを打ち込みながら考えることができます。

ほかにも、遠足の実行委員のレジュメをメンバーで作成するときにドキュメントを活用しています。

実行委員を動かすときには、何度か休み時間に子どもたちを集め、目標を決めさせたり、セリフを考えさせたりするかと思います。

しかし、ドキュメントを使うことで、それぞれの端末から入力してレジュメを作成することができます。

教師は自分の端末から進行状況を確認することができるので、何度も休み時間に集まって確認する必要がなくなります。

Google スプレッドシート

Googleが提供している表計算アプリです。

理科の授業では、グループで実験結果を記入したり、グラフから変化を読み取ったりするときに便利です。

ほかにも委員会などの当番表を作成すると
きに使用するのもおすすめです。

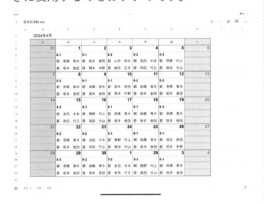

従来は、それぞれのグループごとに紙のカ
レンダーを配って名前を記入させていました。
その後、再度新しいカレンダーに集約すると
いう面倒な作業を行っていました。

スプレッドシートを使うようになってから、
1年間の当番決めを、ものの15分ほどで完成
することができるようになりました。

Google フォーム

Googleフォームは、アンケートやテストを
作成し、回答を集約することができるアプリ
です。

フォームを活用するメリットは以下の通り
です。

・子どもたちは自分のテスト結果や回答
をすぐに確認することができる
・回答欄に参考動画のリンクを入れるこ
とができる
・教師は採点結果を瞬時に確認すること
ができる

これらのメリットを生かし、単元末に小テ
ストを実施したり、宿題に出したりして活用
します。

Google Classroom

Google Classroomを導入することで、フォ
ームで作成した小テストを配布したり、スプ
レッドシートで作成した課題を添付したりと、
ほかのGoogleのサービスとの連携が非常にや
りやすくなります。

そのほかにも、課題を設定したり、提出期
限前にリマインドを設定したりすることもで
きます。

保護者への手紙配布をデータで送ることで
のペーパーレス化や、アンケートなどもフォ
ームを使ってClassroomに送れば、簡単に集
約することができるので、非常に便利です。

01

対象学年
3年生〜

難易度
★☆☆☆☆

アプリケーション

Google ドキュメント

[Google]

Google ドキュメントで遠足の
レジュメを作成する

 ポイント

1. 文書を作成できる
2. 共同編集が可能
3. コメントを追加できる

 準備

1. Googleアカウント

ここでは、遠足の実行委員を集め、1つのドキュメントデータ
を共有しながらレジュメを作成していく手順を紹介します。

▷ 完成イメージ

01 レジュメを作成する

「ドキュメント」のアプリをタップします。

02

右下の「+」をタップします。

03

「テンプレートを選択」をタップします。

04

今回は「授業プラン」というテンプレートを使用します。

05

あらかじめ見本の見出しや文章が入力されています。

06

見出しや文章を打ち替えていきます。

07 児童に共有する

レジュメが完成したら、右上の「…」をタップします。

08

「共有とエクスポート」をタップします。

09

「共有」をタップします。

10

「アクセス管理」の下の「👤」をタップします。

11

「制限付き」となっているところをタップします。

12

「制限付き」をタップします。

13

「リンクを知っている全員」にチェックを入れます。

14

「⃟」をタップし、リンクをコピーします。

15

コピーしたリンクは、Google Classroomなどで児童に送り、レジュメを共有します。児童に送る媒体がない場合は、リンクをQRコード化し児童に読み取ってもらうと簡単に共有できます。

16

児童にレジュメが共有されると、共同編集が可能になるので、それぞれ自分のタブレットを見ながら相談したり、文字を入力したりすることができるので非常に便利です。

17

10の画面で「ユーザーまたはグループを追加」のところに児童のメールアドレスを入力して共有することもできます。

18 コメントを追加する

コメントを追加したい文章を選択します。

19

「コメントを追加」をタップします。

20

コメントを入力し「▷」をタップすれば、コメントの追加が完了です。

21

コメントを追加した文章は、背景が黄色く表示されます。あらかじめ、子どもたちにこの表示が先生からのコメントであることを伝えておけば、何度も集まって直接やり取りする手間を省くことができます。

22 コメントを確認する

左上の「✓」をタップします。

23

右上の「🗐」をタップします。

24

すると、追加したコメントを確認することができます。

25 印刷する

右上の「…」をタップします。

26

「印刷レイアウト」をオンにすると、編集画面でどのように印刷されるか確認することができます。

27

確認できたら、右上の「…」をタップします。

28

「共有とエクスポート」をタップします。

29

「印刷」をタップします。

30

「プリンタ」を選択し「プリント」をタップすれば印刷することができます。

02

対象学年
4年生～

難易度
★★★☆☆

アプリケーション

Google スプレッドシート

[Google]

Google スプレッドシートで 委員会の当番表を作成する

 ポイント
1. 共同編集で効率良く作業できる
2. カレンダーの日付も一瞬で正しく反映される

準備
1. 右のQRコードからカレンダーのデータをダウンロード

> ここでは、委員会などの当番表を共同編集で作成する手順を紹介します。デジタルであれば、コピペもできるので1年分の当番表もあっという間に完成します。

▶ 完成イメージ

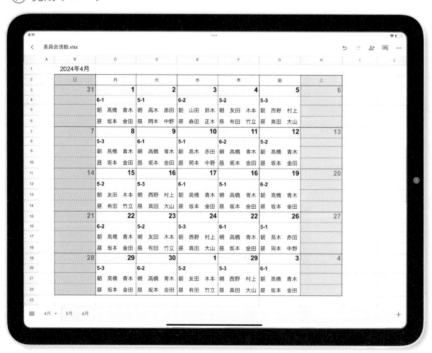

Chapter 4

Google

01　来月のカレンダーを作成する

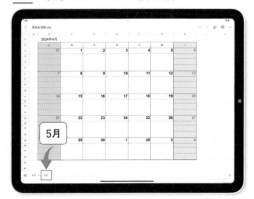

「5月」のタブを開きます。

02

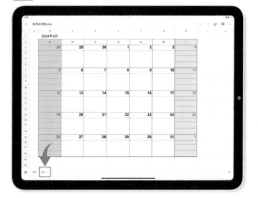

「5月」のタブをタップします。

03

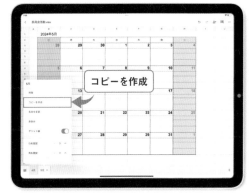

「コピーを作成」をタップします。

04

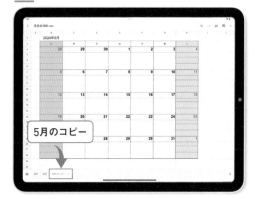

「5月のコピー」をタップします。

05

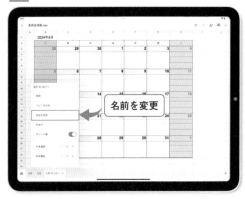

「名前を変更」をタップします。

06

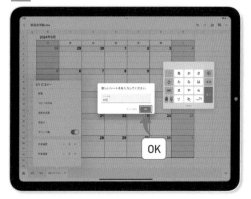

名前を「6月」に変更します。

07 日付を変更する

左上の日付をタップします。

08

本来の日付を入力します。

09

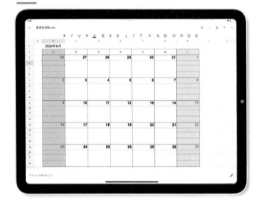

すると、全ての日付が正しく変更されます。

10 WEBブラウザで日付変更

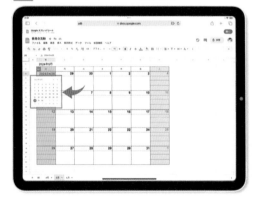

WEBブラウザでスプレッドシートを開くと、画面の
ようにカレンダーが表示され、日付を選択すること
ができます。

11 週を増やす

もし1週足りない場合は、最後の週の行を選択します。

12

「コピー」をタップします。

Chapter 4

Google

13

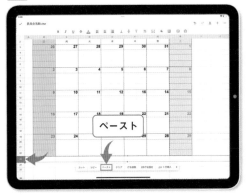

貼り付けたい行を選択し「ペースト」をタップします。

14

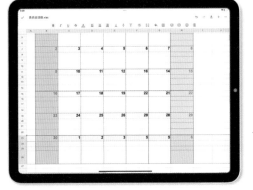

日付も自動的に反映されます。

15 児童に共有する

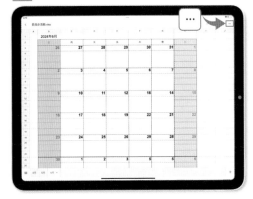

右上の「…」をタップします。

16

「共有とエクスポート」をタップします。

17

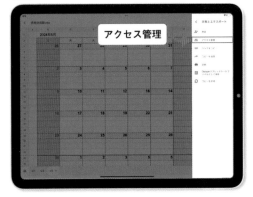

「アクセス管理」をタップします。

18

「制限付き」をタップします。

「制限付き」をタップします。

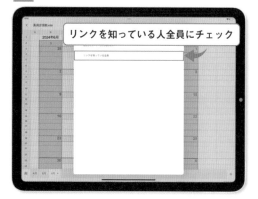

「リンクを知っている人全員」にチェックを入れます。

「閲覧者」をタップします。

「編集者」をタップします。

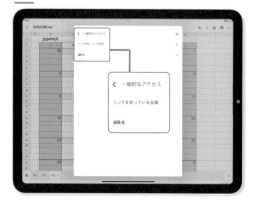

このようになっていればOKです。

児童に共有する

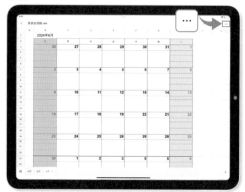

「…」をタップします。

Chapter 4

Google

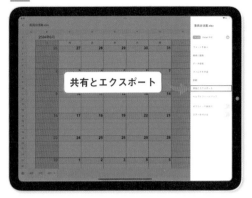

「共有とエクスポート」をタップします。

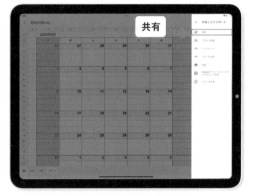

26

「共有」をタップします。

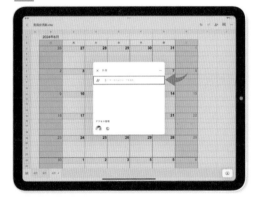

共有したい相手のGoogleアカウントを入力すれば共有することができます。

もしくは「リンクをコピー」で、コピーしたリンクをGoogle Classroomに送信したり、QRコードを作成したりして、共有する方法もあります。

児童の画面

それぞれの端末から、担当クラスや名前を入力していきます。

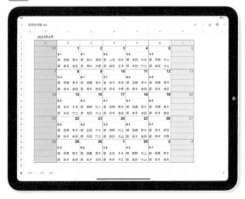

30

共同編集ができると、このような当番表も簡単に作成することができます。

03

かかる時間
10〜20分

難易度
★☆☆☆☆

アプリケーション

Google フォーム

[Google]

Googleフォームで小テストを作成する

ポイント

1. 自動採点が可能
2. フィードバックにWEBページなどを貼り付けられる

準備

1. Googleアカウント

単元末の確認テストや宿題などにも活用できます。
作り方も簡単！

▷ 完成イメージ

01　問題を作成する

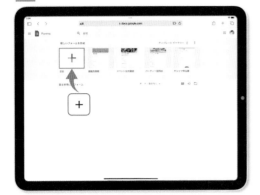

WEBブラウザでGoogleフォームを開き「＋」をタップします。

02

「設定」をタップします。

03

「テストにする」をオンにします。

04

「無題のフォーム」をダブルタップし、タイトルを変更します。

05

「無題の質問」をダブルタップし、1問目の問題を入力します。

06

「オプション1」をダブルタップし、回答の選択肢を入力します。

07

全て入力できたら「必須」をオンにし「解答集を作成」をタップします。

08

点数を入力し、正答の項目を選択します。

09 問題の参考動画を追加する

「回答に対するフィードバックを追加」をタップします。

10

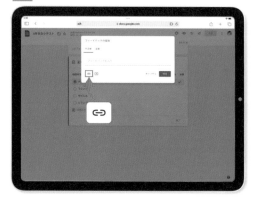

フィードバックにWEBページなどを貼り付ける場合は「🔗」をタップします。

11

NHK for Schoolなどで参考動画を検索します。「この動画へのリンクをコピーする」をタップします。

12

「コピー」をタップします。

13

「リンク先」にコピーしたリンクを貼り付け、表示するタイトルを入力します。「保存」をタップします。

14

フィードバックを再編集する場合は「ペン」をタップします。

15

「正解」の場合でもフィードバックが表示されるように、13と同じくリンクとテキストを入力し「保存」をタップします。

16

「完了」をタップします。

17

「＋」をタップし、問題を追加します。

18

正答が複数ある場合は、回答方法を変更する必要があります。「ラジオボタン」をタップします。

「チェックボックス」を選択します。

「解答集を作成」をタップします。

点数と正答を選択し「完了」をタップします。

「＋」をタップし、問題を追加します。

問題を入力し「ラジオボタン」をタップします。

文章で回答する場合は「記述式」を選択します。

Chapter 4

Google

25

「解答集を作成」をタップします。

26

「正解を追加」のところに答えを入力します。

27

「回答に対するフィードバックを追加」をタップします。

28

フィードバックを入力し「保存」をタップします。

29

「完了」をタップします。

30

「送信」をタップします。

31

「収集しない」をタップします。

32

「確認済み」を選択すると、回答した児童のアカウントが記録される仕様になります。

33

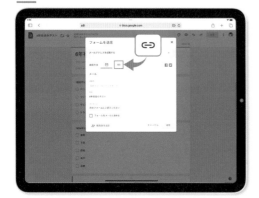

「⊖」をタップします。

34

「コピー」をタップして、リンクをコピーし、Google Classroom などで児童に配布します。

35 作成した問題を確認する

「◉」をタップすれば、作成した問題を確認することができます。

36

「メールアドレスを収集する」を「確認済み」にしておくと、画像のような項目が表示されます。

37 問題に回答する

児童は問題の回答が終了したら「送信」をタップします。

38

「スコアを表示」をタップします。

39

すると、結果を細かく確認することができます。フィードバックもここで確認できます。

40 児童の回答を確認する

編集画面に戻り「回答」をタップすると、児童の回答を確認することができます。「スプレッドシートにリンク」をタップします。

41

「新しいスプレッドシートを作成」を選択します。

42

スプレッドシートを開くと、回答を一覧で確認することができます。この後、回答された結果もリアルタイムで反映されます。

04

対象学年
1年生〜

難易度
★★☆☆☆

アプリケーション

Google Classroom

[Google]
Google Classroom を
クラスで活用する

ポイント

1. 課題やテストを作成することができる
2. 連絡や課題の予約をすることができる

準備

1. Googleアカウント

ここでは Google Classroom の基本操作の手順や、よく使う機能について紹介します！

▷ 完成イメージ

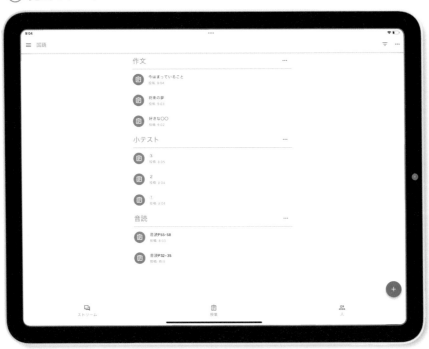

01

Google Classroom を初めて利用する場合は「役割を選ぶ」必要があります。「私は教師です」を選択して始めてください。「私は生徒です」を選択するとクラスを作成することができなくなります。

クラス名を教科ごとに分けて活用する場合は、教科の数だけクラスを作成します。

連絡等のみで活用する場合は、クラス名を「3年1組」のようにして、1つのクラスのみで活用していくことも可能です。

02 クラスを作成する

「クラスを作成」をタップします。右下にある「＋」からクラスを作成することもできます。

03

クラス名を入力し「作成」をタップします。

04 投稿とコメントの権限を選択する

Classroom では、誰が投稿・コメントできるかを選択することができます。

（例）
・手紙配布など教師からの一方的な連絡のみで使用する→「教師のみ投稿とコメントを許可」
・課題や宿題、教師からのコメントに返信など双方向のやり取りを行う→「生徒に投稿とコメントを許可」or「生徒にコメントのみ許可」

05

クラスが作成できたら「⚙」をタップします。

06

「ストリームへの投稿」をタップします。

07

ここでコメントの権限を選択することができます。

08　児童をクラスに招待する

児童に「クラスコード」を入力させたり「招待リンク」を送ったりすることで、クラスに招待することができます。

09

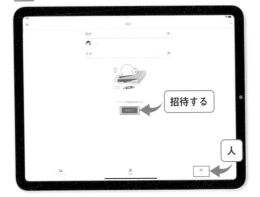

「人」をタップし「招待する」から児童生徒のメールアドレスを入力してクラスに招待することもできます。

10　児童の画面

「クラスに参加」をタップします。右下にある「＋」からクラスに参加することもできます。

11

「クラスコード」を入力し、クラスに参加します。

12　教師の画面　ストリームの使い方

「ストリーム」をタップします。「クラスへの連絡事項を入力」をタップします。

13

クラスへ連絡事項を入力していきます。添付ファイルを追加することもできます。

14

投稿

「投稿」をタップします。

15

これでクラス全員に連絡を送ることができます。

16　投稿を予約する

14の画面で「…」をタップします。

17

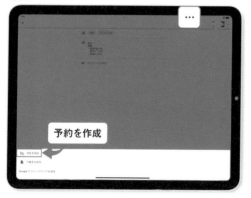

予約を作成

「予約を作成」をタップします。

18

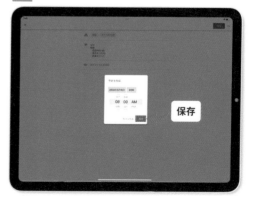

保存

投稿したい日時を選択し「保存」をタップすると予約投稿することができます。

19

ストリーム画面を確認すると、投稿が予約されていることを確認することができます。

20 課題を設定する

「授業」→「＋」をタップします。

21

「課題」をタップします。

22

課題の詳細や提出期限などを設定します。「添付ファイルの追加」からGoogleフォームで作成した小テストなどを添付することもできます。「割り当て」をタップします。

23

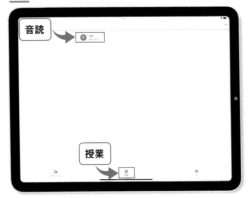

「授業」をタップすると、設定されている課題が表示されます。

24

「＋提出物を追加」をタップし、撮影した動画を選択します。

Chapter 4

Google

25

提出

「提出」をタップして課題を提出します。

26 教師の画面　提出された課題を確認する

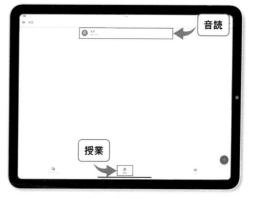

音読

授業

「授業」をタップし、確認したい課題を選択します。

27

提出された課題を確認したい児童を選択します。

28

コメントを追加

提出された課題を確認したりコメントを追加したりすることができます。

29 トピックを作成する

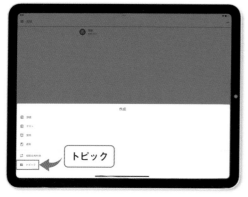

トピック

課題を作成する画面で「トピック」をタップします。

30

課題が増えていく場合は、このようにトピックを作成して、仕分けしておくと見やすくなるのでおすすめです。

Google Classroomをクラスで活用する | **149**

活動が大掛かりな単元は、学習時期をずらして計画する

僕自身、毎回タブレットで大きな成果物を作成するような授業を行っているわけではありません。授業を考えるときに意識していることは、時期を分散させることです。

行事に例えるとわかりやすいかもしれません。例えば、運動会前は、ほかの授業を行いつつも、運動会のことを中心に時間を使うと思います。子どもたちも運動会というゴールに向けて熱量が上がっていくわけです。これが運動会と修学旅行が連日あるとしたらどうなるでしょうか。子どもたちの熱量は分散し、どちらも不完全燃焼で終わってしまうかもしれません。

同じように、全ての授業に力を入れすぎると教師も子どもも大変になってしまうのです。

そこで、大きなゴールを掲げた単元を実施する際には、時期を分散させて行うのがポイントです。時期をずらすことで、子どもたちのやる気が持続します。

そのために、長期休暇中に次学期の単元を見通し、大きなゴールを設定できそうな単元をピックアップしておくことが大切です。

僕は、体育、国語、社会、総合がやりやすいのでその中から選択することが多いです。先生方によって得意な教科や取り組みやすい単元があると思うので、まずはそこから選んで各学期に1回実施。慣れてきたら学期に2回3回と増やしながら実施することをおすすめします。

楽しみな行事が連日あると…

OCTOBER 2024
SUN MON TUE WED THU FRI SAT
      1 2 3 4 5
（運動会／修学旅行）
6 7 8 9 10 11 12
13 14 15 16 17 18 19
20 21 22 23 24 25 26
27 28 29 30 31

❌
熱量が分散
どちらも不完全燃焼に

楽しみな行事は時期を分散

OCTOBER 2024
SUN MON TUE WED THU FRI SAT
      1 2 3 4 5
（運動会）
6 7 8 9 10 11 12
13 14 15 16 17 18 19
20 21 22 23 24 25 26
27 28 29 30 31
（修学旅行）

⭕
やる気が持続
教師の負担も減る

ロイロノート

Chapter 5

手軽だから使いたくなる、ロイロノートで子どもたちの創造性を広げる！

ロイロノート・スクールとは、クラウド型の授業支援アプリです。

教育現場での活用を想定して開発されているため、直感的かつ手軽に操作できるのが特徴です。

シンキングツール

シンキングツールでは、比較・分類・関連付けるなどをして自分の考えを深めたり整理したりすることができます。

以下では、僕がよく使うシンキングツールを厳選して紹介します。

①ウェビング

ウェビングは1つのことを「広げる」ときに使用します。中心においた言葉から外側に連想を広げていくことで、アイデアを生み出すことができます。

②ベン図

ベン図は「比較する」ときにとても便利です。共通点や相違点を明らかにする活動を練習しておくと、授業でもスムーズに活用することができます。

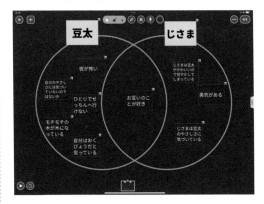

③クラゲチャート

クラゲチャートは、テーマや主張に対する「理由付け」をするときに使用します。

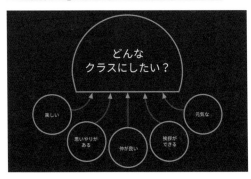

このようにクラス目標を考えるときにも便利です。

音読テストも
ロイロノートで

音読テストを録音で提出させるのもおすすめです。

次の画像のようにルーブリック評価のカードを作成します。

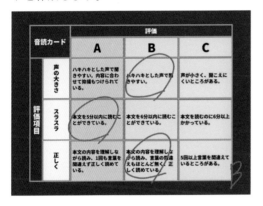

期間内であれば、何度でもチャレンジしてOKにしておけば「A評価が取りたい！」という思いで練習を繰り返し、再提出する子が出てきます。

テスト機能を使う

ロイロノートのテスト機能を使って問題を作成することもできます。テスト機能では、選択問題や記述問題など、さまざまな答え方に対応しており、解答後は自動で採点してくれます。

テストでは、ゲームモードを選択して、クラスで楽しく問題を解いていくこともできます。

共有ノートを使う

共有ノートを使用することで、指定した複数の子どもたちが1つのノートでカードを操作しながら一緒に考えたり作ったりすることができます。グループで調べ学習をするときなどに非常に便利です。

また、単元を終えて使わなくなった共有ノートは、子どもたち同士で余計なやり取りが発生しないように削除しておきましょう。

01

対象学年
6年生〜

難易度
★☆☆☆☆

アプリケーション

ロイロノート

[ロイロノート]
シンキングツールを使って
時代や人物の特徴をまとめる

ポイント
1. 活動によってシンキングツールを使い分ける
2. 特徴をわかりやすく仕分けることができる

準備 特になし

ここでは、歴史の授業でシンキングツールを使った事例を3つ紹介します。時代の移り変わりを項目ごとに明確にしたり、人物の特徴を書き出したりするときにシンキングツールがとても便利です！

▷ **完成イメージ**

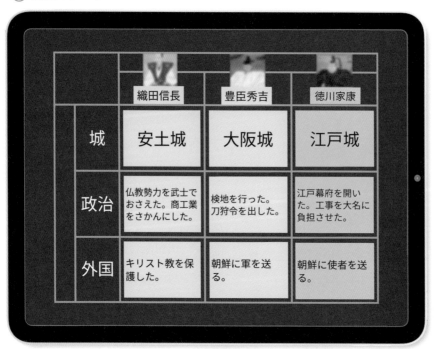

Chapter 5

ロイロノート

01 キャンディーチャート

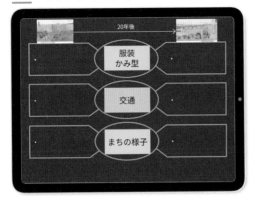

時代の変化によって変わったものを項目ごとにまとめるときに「キャンディーチャート」が便利です。

02

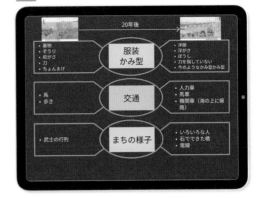

このように箇条書きで書き出すと、わかりやすくまとめられます。

03 Yチャート

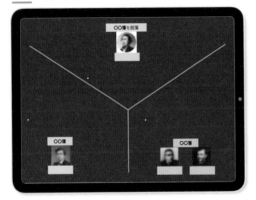

同じ時代に出てきた人物の特徴を分けるときは「Yチャート」を使うとわかりやすいです。

04

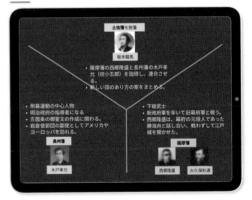

教科書や資料集などを読み、自分で書き出していく活動もおすすめです。

05 データチャート

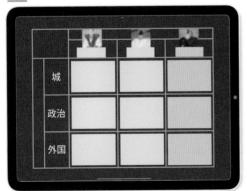

人物ごとに項目に合わせて特徴を書き出すときには、「データチャート」がおすすめです。

06

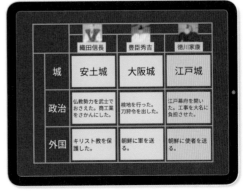

テスト前に、復習として覚えたことを整理するために活用することもできます。

02

対象学年
3年生〜
難易度
★★☆☆☆
アプリケーション

ロイロノート

[ロイロノート]
クラス目標を決める

ポイント

1. 全員が意見を出すことができる
2. 引用の方法を学ぶことができる

準備

1. 事前にクラゲチャートを使った活動を行っておく

> 全員の意見を確認して反映させることができるのがタブレットを活用する良さですね！

▷ **完成イメージ**

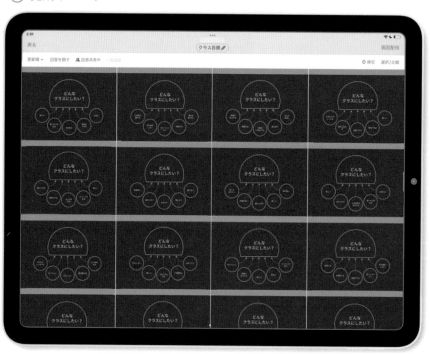

01 教師の画面

ツールバーにある「シンキングツール」をタップします。

02

「クラゲチャート」をタップします。

03

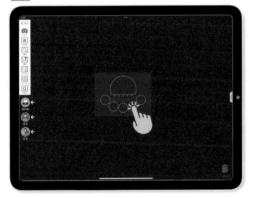

ノートに追加したクラゲチャートをタップします。

04

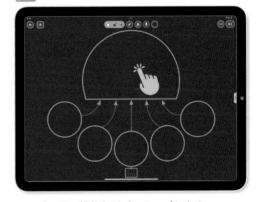

クラゲの頭の部分をダブルタップします。

05

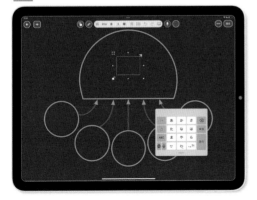

テキストと文字のサイズを調整し、話し合うテーマを入力します。

06

左上の「戻る」をタップします。

07

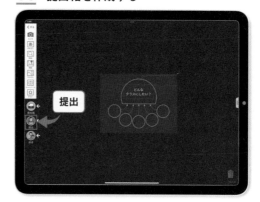

「送る」で全員にテキストを送信します。

08 提出箱を作成する

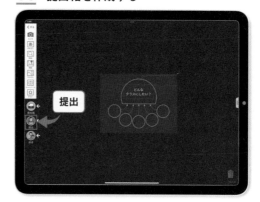

「提出」をタップします。

09

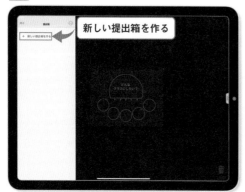

新しい提出箱を作る

「新しい提出箱を作る」をタップします。

10

今すぐ募集開始

タイトルを入力し「今すぐ募集開始」をタップします。

11

回答を共有

OK

「回答を共有」→「OK」をタップします。

12

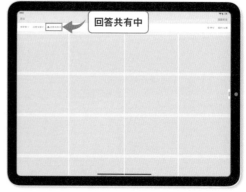

回答共有中

「回答共有中」にしておくことで誰でもほかの人の回答を見ることができます。

13 児童の画面

ダブルタップでテキストを追加します。

14

テーマに対する自分の考えを入力していきます。

15

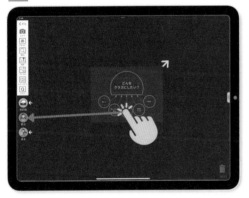

出来上がったチャートは、ドラッグして提出します。

16 引用した言葉はカラーを変更させる

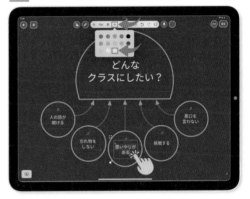

テキストの言葉を選択し「カラー」を変更します。こうしておくことで、ほかの人の回答を参考にしたということがわかります。

18 その後の展開

その後は、たくさん出てきている言葉やクラス目標に入れたい言葉などを拾って黒板に書き出していきます。
いくつかの言葉を組み合わせて1つの文にしたり、キャッチフレーズなどを考えたりしてクラス目標を決めていきます。

17

08〜12で作成した提出箱を開き、全員の回答を確認します。

03

かかる時間
15〜30分
難易度
★★☆☆☆
アプリケーション

ロイロノート

[ロイロノート]
体育の授業を計画する

 ポイント
1. 活動の流れがわかる
2. 振り返りカードを効果的に使う
3. ノートごと児童が共有することができる

 準備
1. 単元の計画

ゴールや評価を先に示すことで、子どもたちの活動に火がつきます！

▷ **完成イメージ**

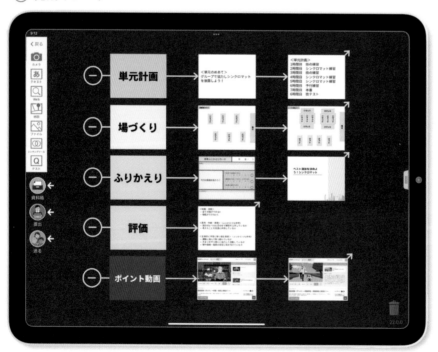

01

体育の授業では、左ページの画像のようにロイロノートに授業計画を作成しておきます。ノートごと子どもたちに共有しておくと活動がスムーズになります。

新しい単元が始まる前には、朝の会などの時間を取り、単元計画や活動内容・評価・振り返りの方法などの説明を教室で行うようにしています。

02 ノートごと児童が共有する

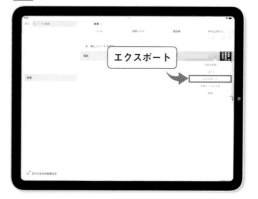

共有したいノートを選択し「エクスポート」をタップします。

03

「資料箱に保存」をタップして、子どもたちが開くことのできる資料箱に保存し、取り出してもらえば、ノートごと共有することができます。

04 振り返りカード

動画を貼り付けるところを用意したり、振り返り項目を載せておいたりすることで、振り返りがしやすくなります。

05

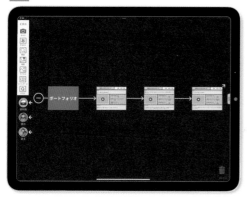

毎時間の振り返りは、教師に提出しますが、画像のように自分のポートフォリオとして残しておくこともできます。

06

アンケート機能を使って、ほかのグループの演技を評価したり投票したりする活動も子どもたちの意欲につながるのでおすすめです。

04

教科書のページに音読を録音する

対象学年
2年生～

難易度
★☆☆☆☆

アプリケーション

ロイロノート

ポイント
1. 自分の音読を聞き返すことができる
2. 何度も録音をし直すことができる

準備
1. 教科書データ

何度も音読の録音を繰り返すことで、自分の成長
記録として残しておくこともできます！

▷ 完成イメージ

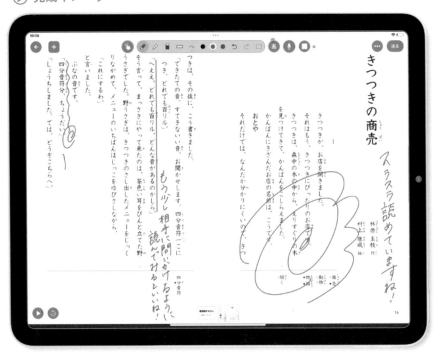

01

　音読の宿題やテストは、録音提出させると、何度も聞き返すことができるので、教師は評価しやすくなります。
　また、評価基準を明確に示したり、教科書のページに入力させたりすることで、子どもたちはどこがうまく読めているか、または改善すれば良いかがよくわかります。

02　教師の画面

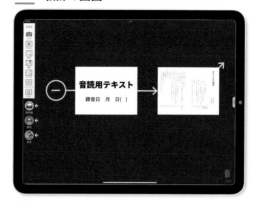

教科書のページをノートに追加します。

03

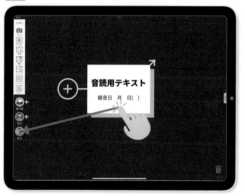

「送る」で子どもたちに教科書のテキストを送信します。

04　提出箱を作成する

提出箱を作成します。練習用とテスト用の2つの提出先を用意しておきます。

05

　子どもたちには、同じ提出箱に再提出する形で音読を提出させます。録音するときには、いつ行った音読かがわかるように、初めにその日の日付を言わせるようにするのがおすすめです。テストも期限までであれば、何度再提出しても良いことにしておくと、教師から返ってきた評価を見て、何度もトライするようになります。

06　提出された音読を確認する

提出された音読をタップします。

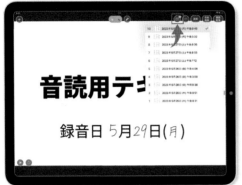

提出箱は、履歴を確認することができるため、過去
に提出した音読を後から聞くこともできます。

08

音声を聞き、上手に読めているところに波線を引い
たり、改善が必要なところに注意書きをしたりします。
「送る」をタップします。

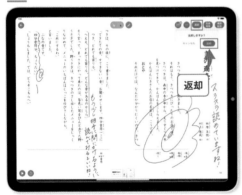

「返却」をタップして、子どもたちに返却すること
ができます。

「一括返却」では、添削した回答をまとめて返却す
ることができます。

録音日を記入しておきます。

「🎤」をタップします。

Chapter 5

ロイロノート

13

「録音」をタップすると、録音がスタートします。録音の初めに、録音した日にちを言ってから本文を読み始めます。

14

「終了」をタップしすれば、録音完了です。

15

「🎤」をタップすると録音した音声を削除することもできます。

16

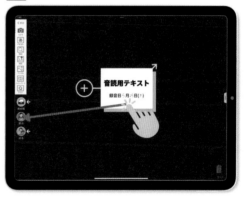

録音できたテキストは、指定された提出箱に提出します。

17

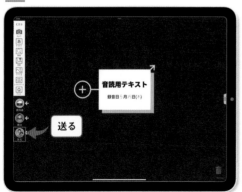

新しい教科書のテキストを取り出すときは「送る」をタップします。

18 PadletやFlipで音読を提出する

ロイロノートが導入されていない学校でも、PadletやFlipを使えば音読を提出することができます。ロイロノートと違い、子どもたち同士で相互評価することもできます。
「リアクション」や「コメント」をもらうことでより一層子どもたちはやる気を出して取り組むようになります。

05

対象学年
3年生〜

難易度
★☆☆☆☆

アプリケーション

ロイロノート

[ロイロノート]
算数の自作問題を作成する

 ポイント
1. 余った時間を有効活用できる
2. 自分で問題を作ることで理解度アップ
3. テストカードを作って問題を作ることができる

 準備　特になし

早く練習問題が終わった子も、時間を持て余すことなく意欲的に活動できます！

▷ 完成イメージ

01　教師の画面

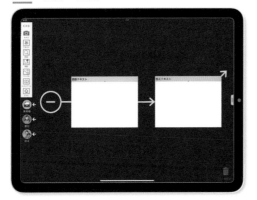

問題テキストと答えテキストを子どもたちに送り、どの時間でも使えるようにしておきます。

02　児童の画面

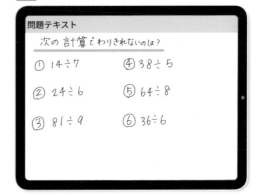

問題テキストには、答えが矛盾しないように自分で考えた問題を書きます。

03

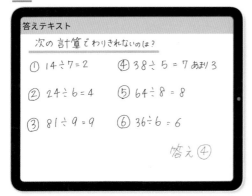

問題を解いた人が、すぐに答えを確認できるように、答えも作成します。作成した問題と答えは、指定された提出箱に提出しておきます。

04　提出箱から問題を取り出す

「選択/比較」をタップします。提出箱は「回答共有中」の状態にしてあります。

05

取り出したい問題を選択し「使う」をタップします。

06

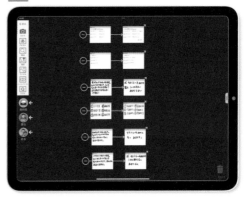

このようにして、自分で問題を作ったり、友達が作った問題を解いたりすることができます。

07 テストカードを使う

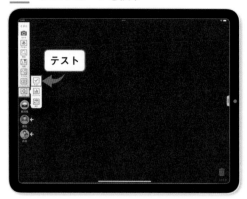

「テスト」をタップします。

08

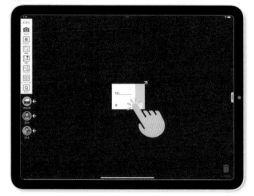

「テストカード」をタップします。

09

「編集」をタップします。

10

「タイトル」を入力します。

11

問題を入力します。

12

選択肢を入力します。正答の選択肢には、緑のチェックマークを入れておきます。

13

「プレビュー」をタップすると、作成した問題がどのように表示されるか確認することができます。

14

「集計結果」では、解答結果を確認することができます。

15　ゲームモードで問題を行う

「全員で解答」をタップします。

16

「ゲームモード」をタップします。

17

参加者が集まったら「スタート」をタップします。

18

一斉に問題を行う必要がありますが、ゲーム性があり、楽しく問題に取り組むことができます。

06

対象学年
3年生〜

難易度
★★☆☆☆

アプリケーション

ロイロノート

[ロイロノート]

物語文で登場人物の心情を読む

 ポイント

1. どの物語文でも応用できる
2. シンキングツールで登場人物の特徴を整理できる

 準備

1. 本文の挿絵画像

この方法を使うと、叙述をもとに登場人物の心情を読み取る力を伸ばすことができます！ここでは「モチモチの木」の授業を例に流れを紹介します！

▷ 完成イメージ

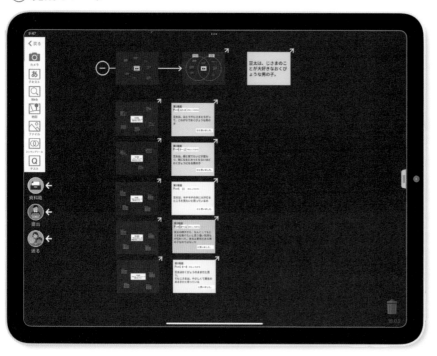

01 教師の画面

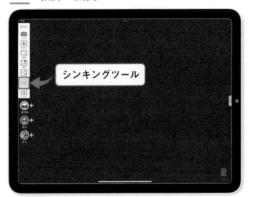

「シンキングツール」をタップします。

02

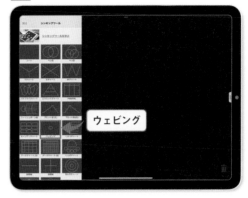

「ウェビング」をタップします。

03

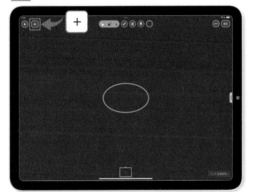

「+」をタップします。

04

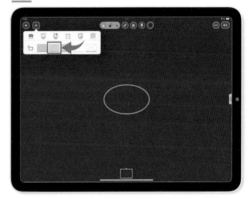

緑カードをタップします。

05

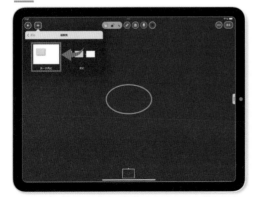

追加先を「カード内に」します。

06

性格や心情を読み取りたい登場人物の名前を入力し、真ん中に配置します。

07

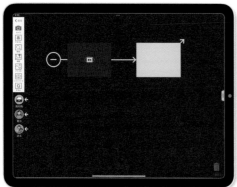

テキストを1枚追加して、2枚のテキストをつないでおきます。

08

新たにシンキングツール「ウェビング」を取り出し、真ん中に場面ごとの挿絵を貼り付けておきます。

09

叙述から読み取った登場人物の性格や心情を書くテキストも用意しておきます。

10

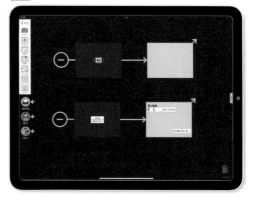

2つのテキストをつないでおきます。同じように2場面以降の挿絵も用意し、テキストを準備しておきます。

11

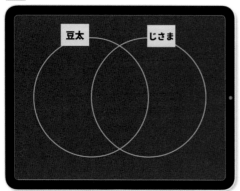

ほかにも必要に応じてテキストを準備しておきます。2人の登場人物の心情を読み取るときは、ベン図を使うと整理しやすくなります。

12

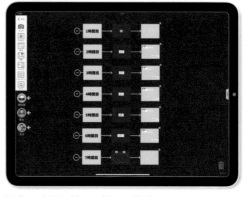

授業の時間を付けて整理し準備しておくと、いつの時間にどのテキストを使うかわかりやすくなります。

13　児童の画面

1時間目は、登場人物の特徴をキーワードで書き出していきます。シンキングツールでは、画面をダブルタップすると、テキストを挿入することができます。

14

キーワードを書き出したら「…」をタップします。

15

「ツールを切り替え」をタップします。

16

「ベン図」を選択します。

17

すると、先ほど入力したテキストが、ペン図にコピーされます。「＋」をタップし、テキストを追加します。

18

考えさせたいキーワードをベン図の上にそれぞれ貼り付け、整理していきます。

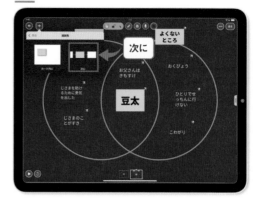

「＋」をタップします。

追加したテキストを選択し「次に」をタップします。

シンキングツールを整理し考えた登場人物の人物像
をテキストに記入します。

登場人物の人物像をどう捉えたか、テキストの
カラーを指定しておきます。
赤→ポジティブ
青→ネガティブ
黄→どちらとも言えない
カラーの指定は物語や考えさせたいポイントに
合わせて変更してください。

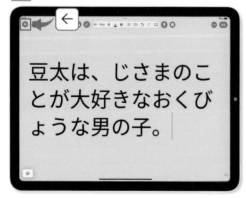

23

例えば、「おくびょう」という性格をネガティブな面
と捉えた子どもは、青のテキストを選び、人物像を
入力することになります。

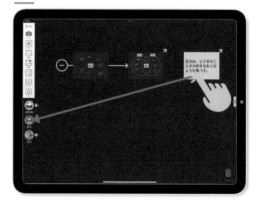

テキストを提出します。

25

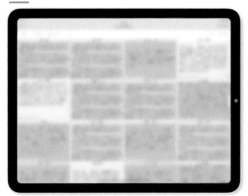

子どもたちの回答が集まると、カラーの違いだけでも周りの人が登場人物の人物像をどのように捉えたのか一目瞭然になります。

26

2時間目以降は、場面ごとに、叙述をもとに考えた登場人物の性格や心情を読み取っていきます。

27

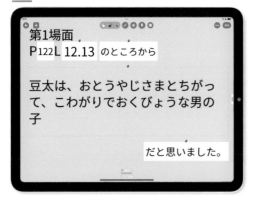

2枚目のテキストには、どの文章から登場人物の性格や心情をどう読み取ったのか記入します。

28

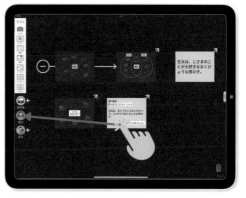

1時間目と同様に、テキストを提出します。

29

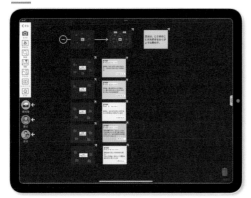

このような活動を繰り返し行うことで、本文の叙述から登場人物の性格や心情を考えられるようになっていきます。

30

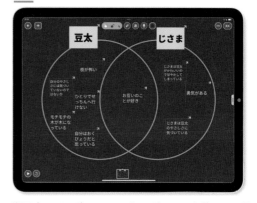

単元末には、改めてシンキングツールを使って、登場人物の人物像を考えたり、ほかの登場人物と比較しながら考えたりしてさらに深掘りしていきます。

31

豆太は、おくびょうだけど、いざとい
う時には行動できる勇気のある男の子だ
と思います。
　でも、自分ではそのことに気づいてい
ないと思います。自分にもっと自信を持つ
ことができれば、もっと成長すると思い
ました。
　じさまも最初はおくびょうな豆太を不
安に思っていましたが、豆太の勇気ある行
動を見て、安心していると思いました。

授業を通して、最終的に登場人物の性格や心情をど
う読み取ったのかを詳しく書いていきます。

32

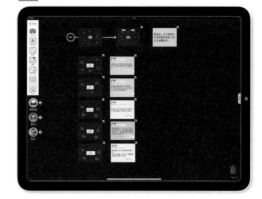

授業を終えた後は、このようにノート内を整理して
おきます。

33

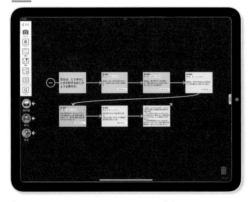

毎時間記入したテキストをつなげます。

34

テキストをつなげると、カラーの違いや自分が
考えて記入したテキストから、物語の流れや登
場人物の心情の変化などがわかりやすくなりま
す。
単元末には、このテキストを使ってグループで
発表し合う活動を行うのも良いでしょう。

35　ノートごと学年の先生に共有する

ロイロノートで授業案を作成しておくと、ノー
トごと共有することができるのでとても便利で
す。ノートは、エクスポート/インポート機能
を使って共有します。

36　エクスポート

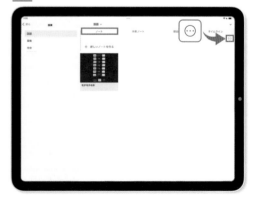

ノート一覧を開き「…」をタップします。

37

「エクスポート」をタップします。

38

共有したいノートをタップします。

39

「AirDrop」などでノートごと共有することができます。

40 インポート

AirDrop されると、ファイルにダウンロードされます。「⬆」→「ロイロノート」→「投稿」をタップします。

41

「授業にインポート」をタップします。

42

インポート先の授業を選択した後「開始」をタップすれば、共有したノートごと保存することができます。

[ロイロノート]
共有ノートを使う

ポイント
1. それぞれの端末から1つのノートにアクセスできる
2. グループで調べ学習をするときなどにも便利

準備 特になし

対象学年
3年生〜
難易度
★☆☆☆☆
アプリケーション

ロイロノート

ここでは、体育のバスケの学習でチームメイトと動きのフォーメーションを確認する手順を紹介します。共有ノートを活用することで、それぞれの端末から確認したり編集したりすることができます。

 完成イメージ

01　教師の画面

教科を選択し「共有ノート」→「新しい共有ノートを作る」をタップします。

02

特定の生徒のみ共有する場合は、生徒欄は「共有しない」にしておき「＋追加」から、クラス内の生徒を選択します。その後「作成」をタップします。

03

ノートを作成した後でも「共有アイコン」をタップし「共有設定」から生徒を追加することもできます。

04

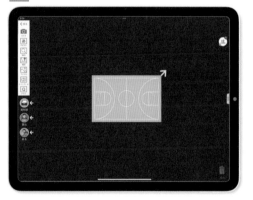

共有ノートにバスケットコートのカードを送ります。

05

コート内に名前テキストを追加し、チームで動きの確認をしたり、作戦を考えたりすることができます。

06　調べ学習で共有ノートを使う

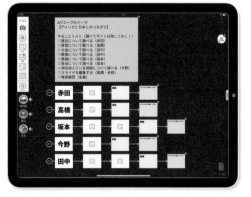

グループで調べ学習をするときなどにも非常に便利です。共有ノート内は、画像のように整理して使わせるようにしましょう。

あとがき

　このたびは、本書を手に取っていただきありがとうございます。

　前作「あなたのiPadを200％活用する教師の仕事術！」では「この本との出会いが、一歩踏み出すきっかけになりました」「読んでいるとどんどんiPadの良さが伝わり、使い方が分かりました‼」などの嬉しいお声をたくさんいただきました。
　それに加えて「iPadが授業でどのように使えるのかもっと知りたい」「どのような授業展開の中でタブレットを使用しているのか知りたい」というご意見もいただきました。
　こうしたたくさんの先生方のご意見・ご感想をいただいたおかげで、今回のシリーズ第2弾を出させていただく運びとなり、感謝申し上げます。

　「タブレットは私にとって人生を変えてくれたかけがえのない存在です」
　年度末の3月に「あなたにとってタブレットとは」というテーマでクラスの子どもたちに作文を書いてもらったときの一文です。
　その子は、普段から大人しく、自分の意見を言うのが苦手な子でした。
　しかし、タブレットを通して自分の意見を伝えたり、グループで共同作業をしたりする中で、まわりとつながることができ、みんなと一緒に何かをすることの楽しさを知ることができたと語ってくれました。

　「タブレットを使うこと＝便利、効率化」という部分だけが強調されると、あたかも教師が楽をするために使っているように思われるかもしれません。

　しかしタブレットを使うことで、コミュニケーションを取ることが苦手な子も、絵を描くことが苦手な子も、考えるのが苦手な子も、書くことが苦手な子も、ハードルが下がり、みんなと一緒に取り組めるようになりました。
　これは間違いなく子どもたちのためになっていると感じています。

　子どもたちのためにも「子どもたちと一緒に学ぶ」くらいの気持ちで、ぜひいろいろ試してみてください。
　試してみて、合わないなと思ったらやめるもよし、ちょっと軌道修正するのもよしです。
　目の前の子どもたちに合わせながら「ワクワクするような授業」を考えてみてはどうでしょうか。

　最後まで読んでいただきありがとうございました。
　本書がみなさんの教師人生に少しでもお役に立てれば幸いです。

[著者紹介]

こう

小学校教諭

5時に起きて5時に帰る小学校教員。著書に、Amazon1位（教師向け書籍）にもなった『あなたのiPadを200%活用する教師の仕事術！』（東洋館出版社）、『結局、定時退勤が子どもたちのためになる』（明治図書）がある。

定時で帰る働き方を発信するブログ「もう5時っすよ。」を運営。月間9万PV。X（旧Twitter）は2万、Instagramは1.6万フォロワー（2024年3月時点）。

X（旧Twitter）

Instagram

教師ブログ『もう5時っすよ』

著作権について

授業以外での著作物の取扱いには十分注意！

　本書では教科書を取りこみ、教科書問題を使った教材作成などについて紹介しています。これらは使い方を誤ると著作権法に違反します（本書で紹介する取り組みでは使用料を支払っています）。学級通信などで他者の製作した写真などを利用されている方もいると思います。学校内の著作権に関しては、著作権法第35条をしっかりと把握してご活用ください。

> 著作権法第35条第1項　学校その他の教育機関（営利を目的として設置されているものを除く。）において教育を担任する者及び授業を受ける者は、その授業の過程における利用に供することを目的とする場合には、その必要と認められる限度において、公表された著作物を複製し、若しくは公衆送信（自動公衆送信の場合にあっては、送信可能化を含む。以下この条において同じ。）を行い、又は公表された著作物であって公衆送信されるものを受信装置を用いて公に伝達することができる。ただし、当該著作物の種類及び用途並びに当該複製の部数及び当該複製、公衆送信又は伝達の態様に照らし著作権者の利益を不当に害することとなる場合は、この限りでない。

　例えば以下の場合は、著作権者の許諾もしくは、使用料の支払いが必要になります。
・教科書の全部、もしくは一部が含まれた画像等を児童生徒以外もアクセス可能なサーバーに保存する。
・教科書の全部、もしくは一部が含まれた画像等をSNSや他者のいるコミュニティにアップロードする。
・保護者が目にする資料にアニメのキャラクターを使用する。
・スキャンした教科書データを別の教師に渡す。（参考：30条私的利用）

　上記の著作権法第35条では、教師が予習復習などでアップロードする権利は含まれていません。「授業目的公衆送信」という形になり、授業目的公衆送信補償金制度（SARTRAS）に学校単位で補償金を支払う必要があります。逆に言えば、支払っていれば使用していいので、管理職等に相談しましょう。

> （授業目的公衆送信）
> 学校等の教育機関の授業で、予習・復習用に教員が他人の著作物を用いて作成した教材を生徒の端末に送信したり、サーバにアップロードしたりすることなど、ICTの活用により授業の過程で利用するために必要な公衆送信

　詳しくは公益社団法人著作権情報センターの「学校教育と著作権」をご参照ください。
https://www.cric.or.jp/qa/cs01/

　また、文化庁の『著作物の教育利用に関する関係者フォーラム』の資料には具体的な使用場面等にも書いてあるので、一読しておきましょう。
https://www.bunka.go.jp/seisaku/chosakuken/pdf/92223601_11.pdf

カスタマーレビュー募集

本書をお読みになった感想を下記サイトに
お寄せ下さい。レビューいただいた方には
特典がございます。

https://www.toyokan.co.jp/products/5504

【引用・参考文献】

三好真史（2022）『跳び箱指導のすべて』，東洋館出版社．
坂本良晶（2023）『授業・校務が超速に！さる先生のCanvaの教科書』，学陽書房．
坂本良晶（2023）『生産性が爆上がり！さる先生の「全部ギガでやろう！」』，学陽書房．
古川俊（2023）『いちばんやさしいGoogle Classroomの教本』，インプレス．
前田 康裕（2021）『まんがで知る デジタルの学び』，さくら社．
前田 康裕（2023）『まんがで知る デジタルの学び2』，さくら社．
『国語三上わかば』（令和2年版），光村図書．

あなたのiPadを200%活用する教師の授業術！

2024（令和6）年5月1日　初版第1刷発行

著　者　　　こう

発行者　　　錦織圭之介

発行所　　　株式会社東洋館出版社
　　　　　　〒101-0054　東京都千代田区神田錦町2丁目9番1号
　　　　　　コンフォール安田ビル2階
　　　　　　（代表）　　03-6778-4343／FAX 03-5281-8091
　　　　　　（営業部）　03-6778-7278／FAX 03-5281-8092
　　　　　　URL　　　 https://www.toyokan.co.jp/

ブックデザイン　米倉英弘（細山田デザイン事務所）

イラスト　　　　株式会社オセロ

印刷・製本　　　シナノ印刷株式会社

ISBN　978-4-491-05504-6
Printed in Japan